9787512651319_3
U0669395

·品读世界历史　汲取无穷智慧·

世界上下五千年

③

文若愚　编著

团结出版社

《尼布楚条约》

黑龙江流域自古以来就是中国的固有领土。西周初年，居住在黑龙江中下游一带的肃慎族（满族人的祖先）就开始向周王进贡。唐朝时，黑龙江中下游属黑水。公元725年，唐朝在这里设立了黑水都督府，唐王朝直接任命人担任官员。公元792年，唐王朝为加强对这里的统治，又设立都督府。金朝时，这里属于上京路所辖的蒲峪路。元朝时属于辽阳行省。为沟通黑龙江流域与内地的联系，元朝政府又建立了许多驿站。明朝在这里设立了奴尔干都司，北方边城庙街（现在俄罗斯尼古拉耶夫斯克）还建造了庙宇，树立了石碑，在苦兀岛（库页岛）上树立了石碑，在海参崴（现俄罗斯符拉迪沃斯托克）的永宁寺树立了大明功德碑。为了便于管理和加强与内地的联系，明朝政府还在奴尔干都司所管辖的地区设立了“卫、所、站、面、寨”。

沙俄政府吞并了西伯利亚汗国后，开始向远东地区扩张。由于西伯利亚河流众多，沙俄军队乘着船，一路烧杀抢掠，来到了与中国接壤的远东地区。

1643年，沙俄驻雅库次克（今俄罗斯雅库次克）地区的长官戈洛文为了掠夺中国黑龙江地区的物产和白银，派他的手下波雅克夫拼凑了132名匪徒，“远征”中国的黑龙江流域。这伙匪徒沿着勒拿河南下，翻越外兴安岭，进入中国境内筑营扎寨。住在当地的中国居民是纯朴善良的达斡尔族，他们没有认清这群土匪的真面目，给了他们很多粮食，竭尽可能地帮助他们。但不久波雅克夫却绑架了达斡尔人的酋长，向他们勒索白银、貂皮、牲口和粮食。达斡尔人终于认清了这群土匪的真面目，他们纷纷拿起武器，痛击侵略者。波雅克夫等人狼狈逃走，在逃跑途中由于缺少粮食，他们竟然杀死中国居民吃肉充饥，当地的中国人都叫他们“吃人恶魔”。

1650年，俄国人哈巴罗夫领着一群匪徒来到黑龙江流域，强占了雅克萨城（今俄罗斯阿尔巴金诺），并以此为据点，开始蚕食中国领土。

清政府在忍无可忍的情况下，决定派兵进攻俄国侵略者。1685年，清政府命令大将萨布素和彭春率领3000人，进攻雅克萨。在进攻雅克萨之前，清军将一支箭射进雅克萨城，箭上有一封给雅克萨城俄军长官托尔布金的信。信用满、蒙、俄三种文字写成，要求俄军立即撤出雅克萨城，离开中国领土，但遭到俄军的野蛮拒绝。清军用大炮把雅克萨城团团围住，准备攻城。

这时，沙俄的援军乘着木筏来援，向清军阵地冲来，气焰十分嚣张。清军将领雅勒泰率军迎战。清军跳上俄军木筏，与之展开了激烈的白刃战。俄军大败，30多人被杀，其余的被俘。当晚，清军大炮猛轰雅克萨城。第二天，清军在雅克萨城下堆积了大量的干柴，准备放火

清朝“神威无敌大将军炮”
为收复雅克萨，打击沙俄侵略军，清军专门铸造了一批红衣大炮，康熙帝把它们命为“神威无敌大将军”。这种大炮在雅克萨之战中发挥了巨大威力。

烧城。托尔布金外无救兵，内无粮草、弹药，只好向清军投降。清军将领允许他们把粮食、武器一起带走，托尔布金连声感谢，并表示再也不来侵犯了。清军将雅克萨城拆毁后返回。

但两个月后，背信弃义的俄国人在托尔布金的带领下再次侵略中国，重建了雅克萨城，并在上面安上了大炮。他们还在城中修建了粮仓和火药库，准备在这里长期居住。他们经常出城，对中国人的村庄烧杀抢掠，无恶不作。

1686 年，萨布素率领 2000 名士兵再次来到雅克萨，命令托尔布金投降，但遭到了拒绝。清军用大炮猛轰雅克萨城，俄军死伤无数，连俄军的指挥所都被炸塌，托尔布金被炸掉了一条腿，不久死去。随着冬天来临，俄军饥寒交迫，疾病流行，最后 800 多俄军只剩下 66 人。

1689 年，中俄两国在尼布楚（今俄罗斯涅尔琴斯克）进行了边界谈判，中国代表索额图和俄国代表戈洛文签订了《尼布楚条约》。《尼布楚条约》规定，中、俄两国以外兴安岭、额尔古纳河和格尔必齐河为界，从法律上肯定了黑龙江河乌苏里江流域，包括库页岛在内的广大地区是中国领土。中国做出了一些让步，同意将原属中国的尼布楚让给俄国。《尼布楚条约》为中国东北赢得了长期的和平。

牛顿的发现

1642 年圣诞节，牛顿降生于英格兰北部乌尔索普村的一户农家。父亲在牛顿还没出生时就去世了，母亲为了生存，改嫁给邻村的牧师巴顿，牛顿被留给了年迈的外祖母。不幸的童年使牛顿形成了沉默寡言、腼腆和孤僻的性格。但牛顿爱好思考，喜欢动手做木匠活，这无疑为以后从事实验研究工作打下了基础。

12岁时，牛顿来到离家不远的格兰山镇上的金格斯中学，寄宿在克拉克的药店楼上。他用木箱和玻璃瓶做成水钟，控制时间，每天黎明时水钟按时滴水到他的脸上，把他叫醒。

牛顿的母亲原希望他成为一个农民，能赡养家庭，但牛顿本人却无意于此。14岁时的牛顿充满理想，不停地思考各种问题，他在自家的石墙上刻了太阳钟，争分夺秒地学习。有一次，他在暴风雨中跑来跑去测验风力，浇得浑身湿透。他的母亲怕他真的疯了，只好放弃了让他成为农民的念头，叫他继续读书。

随着年岁增大，牛顿越发爱好读书、喜欢沉思、做科学小试验。牛顿在中学时代学习成绩并不出众，只是对自然现象有好奇心，他分门别类地记读书心得，又喜欢别出心裁地做些小工具、小试验。1661年，牛顿经过数年的勤奋学习，终于考入剑桥大学，并获“减费生”资格。1664年成为奖学金获得者，1665年获学士学位。一位叫巴罗的学者发现牛顿是个人才，举荐他为研究生，把牛顿引向

牛顿

了自然科学的王国。1665 年 1 月，牛顿完成大学学业，在巴顿的推荐下，继续留在学校做研究。但刚过半年，伦敦就爆发了大规模的黑死病，剑桥全校暂时停课，牛顿回到了故乡。

1665 ~ 1666 年，牛顿认真总结了前人的科学研究方法并加以运用，很快就研究出了二项式定理，制定出微积分，用三棱镜把白光分解成七色光并确定了每种颜色光的折射率，他还继承了笛卡儿把地上的力学应用于天体现象的想法来探索行星椭圆轨道问题，试图把苹果落地与月亮绕地联系起来。1667 年，牛顿重返剑桥大学，在巴罗教授指导下继续从事科学研究。1669 年，巴罗教授推荐他担任“卢卡斯数学讲座”教授，26 岁的牛顿担任此职一直到 53 岁。1672 年，他被接纳为伦敦皇家学会会员。1687 年，《自然哲学的数学原理》这一划时代的著作问世，该书以牛顿的三大运动定律和万有引力定律为基础，建立了完美的力学理论体系，说明了当时人们所能理解的一切力学现象，解决了行星运动、落体运动、振子运动、微粒运动、声音和波、潮涨潮落以及地球的扁圆形状等各式各样的问题。在以后的 200 多年中，再也没有人补充任何本质上的东西，直到 20 世纪量子论和相对论的出现，才使力学的范畴扩大。

牛顿虽然在年轻时就成了享誉欧洲的大科学家，但在生活上并不富裕，一生中大部分时间是在贫困中度过的。1696 年，他的一位同学蒙格特担任英国财政大臣，任命牛顿为造币局的副局长。牛顿经过两三年努力，很快解决了英国的币制混乱问题，并在 1699 年升任造币局局长。此后他的生活有所改善，年薪 2000 英镑，是在剑桥当教授时的 10 倍。

1727年3月，84岁的牛顿出席了皇家学会例会后，这位一生不知疲倦的科学家突然发病，于3月20日拂晓前与世长辞。他的临终遗言是:“我不知道世上的人对我怎样评价。我却这样认为：我好像是在海滨上玩耍的孩子，时而拾到几块莹洁的石子，时而拾到几块美丽的贝壳并为之欢欣。那浩瀚的真理的海洋仍展现在面前。”

牛顿的骨灰被安葬在威斯敏斯特教堂，威斯敏斯特教堂是英国历代君主举行加冕仪式的地方，牛顿是第一位以科学家身份安葬在此的人。

“太阳王”路易十四

为什么路易十四被称为太阳王呢？那是因为成年后的路易十四，无论言行起居还是穿着服饰，都极其优雅而庄严。他好大喜功，喜欢人们叫他“大皇帝”（Grand Monarch）。他选择太阳为他本人特殊的标识，是因为太阳是天体中最明亮的。人们目睹路易十四高高坐在镀金的宝座上，光辉四射，又怎能不俯首帖耳，顶礼膜拜？

说到路易十四，还不由让人想起法国的香水，法国香水工业之所以那么发达，路易十四功不可没。

法国人原先不爱洗澡，就是国王也不例外。他们宁愿一天换几套衣服，也不愿意用香皂洗澡，因为他们认为多洗澡不好，认为香皂有毒。由此可想而知他们身上的味儿有多难闻，路易十三就曾被称为“臭王”。到了路易十四时，他为了不让别人闻到自

凡尔赛宫外景

己身上的臭味，就大量地使用香水，还用混合了葡萄酒的水洗手和漱口，再用洒了香水的干布擦。在香水这方面，他很讲究，让人每天都配制出一种他喜欢的香水来。不仅自己用，他还命令他的臣民不擦香水就不许出入公共场合，还要不时地更换香水。就这样，法国的香水工业迅速地发展起来。

这个故事只不过是路易十四的一个逸闻趣事，和他的一生相比，实在是微不足道。由于父亲早逝，路易十四在5岁时就继承了王位。当时表面上由太后安娜执政，但实权却掌握在首相马扎然手中。年幼的路易十四曾经历了由法院贵族和资产阶级领导的反抗政府的“投石党运动”，跟随朝廷逃离巴黎，并遭到追捕。这个事件对他亲政后加强王权、削弱高等法院的权力和实行钳制贵族的政策有深刻的影响。

1661年，强权首相马扎然死后，路易十四开始亲政。他事事躬亲，称自己为从事“国王的职业”。刚一上台，他就判处不可一世的财政总监福凯终身监禁，然后打击高等法院的权威，又把一切介于君主和庶民之间的承上启下的权力机构撇在一边，通过种种措施，空前加强了中央专制王权。在他亲政的55年

（1661 ~ 1715年）中，法国一度称霸欧洲，这一时期后来被伏尔泰称为“路易十四的世纪”。

在国内经济领域，路易十四推行科尔伯的重商主义政策，大力修建基础设施，降低税率，奖励工业生产，积极从事对外贸易，造就了法国经济的繁荣。路易十四拥有一支自罗马帝国以来欧洲人数最多、最强大的常备军，1672年，陆军人数达到12万，1690年超过30万，几乎相当于欧洲其他国家军队人数的总和。依靠这支军队，他打败了法国的传统敌人德意志和西班牙，与诸多的欧洲国家结成同盟关系，使法国处于优势地位，以至于没有任何障碍能够限制这个年轻国王的行动。当时似乎只有荷兰这个贸易强国可与法国匹敌，但它却由法国王室的支系支配着。在思想文化领域，他大力推行“君权神授”思想，宣称“朕即国家”，树立起无上的权威，在宫廷里被称为“太阳王”。同时，他对文学艺术和科学给予资助，先后成立了法兰西科学院、法兰西建筑科学院和法兰西喜剧院，兴建了华丽堂皇的凡尔赛宫。在他统治时期，古典主义的戏剧、美学、建筑、雕塑和绘画艺术都大放异彩，出现了像法国喜剧创始人莫里哀、古典主义美学家布瓦洛、寓言作家拉·封丹、建筑艺术家克洛德·贝洛等一大批艺术大师。

但是，路易十四的强权统治也造成了深刻的社会危机。他在55年中打了32年仗，连绵不断的对外战争和豪华无度的宫廷开支，使法国的人力和财力日趋枯竭，在他统治的后期，法国相继爆发了规模巨大的起义。1715年，曾称雄一时的路易十四在人民群众的一片怨声中死去。

彼得大帝改革

彼得大帝是俄国历史上最杰出的沙皇之一，他为俄国夺得几代人梦寐以求的出海口，他的改革使贫穷落后的俄国走上近代化强国之路。

俄罗斯人普遍把胡须这种“上帝赐予的饰物”当作自豪的标志，有一把宽阔密实而且完整的大胡子被认为是威严和端庄的表征。可是，为了改变社会风气，彼得决定先从俄罗斯人的胡须开刀。他宣布剪胡子是全体居民的义务，并亲自动手剪掉了一些高级军官的胡须。但改革在民间却遇到很大阻力，于是，彼得设立了“胡须税”：留须权可以花钱购买，富商留胡须要付很大一笔钱，即每年100卢布；领主和官员每年要付60卢布；其他居民要付30卢布；农民每次进出城要付1戈比。有一种专门制造的金属小牌，作为缴纳胡须税的收条。留胡子的人把小牌挂在脖子上，它的正面画着短鬓和胡须的标记，同时写着“须税付讫”的字样。

图为彼得大帝剪须运动中的一个场面。由于公众对剪须存在抵触情绪，彼得大帝恩准付出高额税款的人可以不剪须。而那些做出这种选择的人要佩戴上题有“已付钱”字样的大纪念章。

这是彼得大帝改革中的一个插曲。

彼得出生于1672年，10岁时，彼得被拥立为“第二沙皇”，与同父异母的哥哥伊凡共享皇位。彼得年幼，伊凡愚钝，异母姐姐索菲娅公主掌管朝政。彼得只得随母亲隐居到莫斯科的郊区，在那里和小伙伴们玩军事游戏，建立起两个童子军团，这两个军团后来成为他执政后近卫军的中坚力量。小彼得经常和外国侨民来往，向他们学习数学、航海等知识，受到了西欧文化的影响。1689年，彼得同贵族之女叶多夫金·洛普辛娜结婚，1696年又提出离婚，并把妻子送进了修道院。1712年，彼得同女奴叶卡捷琳娜结婚，后者在彼得死后，成为俄国的第一个女皇。

1689年，彼得夺取政权，他把国事交给母亲和舅舅等亲信管理，自己仍然操练童子军团，一直到1694年母亲去世后，他才开始亲政。彼得是一位野心勃勃的皇帝，1695年，他亲政不久就率3万大军进攻顿河河口的亚速，但由于没有海军而失败。第二年春天，不甘失败的彼得指挥一支仓促建立的舰队再围亚速，土耳其被迫投降。虽然占领了亚速，却暴露了俄国在军事上的落后。于是他在1697年派遣一个使团前往欧洲考察，学习航海、造船和外语。彼得自己也化名加入使团，他沿途参观工场、码头、大学，拜访过大科学家牛顿，还曾在荷兰的造船厂当学徒。第二年夏天，彼得担心国内发生叛乱而回国。1700年，彼得发动对瑞典的突然袭击，但由于俄国的落后，在纳尔瓦大战中被瑞典打得大败。

为了实现富国强兵，彼得在经济、政治、军事、文化等方面推行了一系列欧化政策，使俄国迅速成为欧洲强国。

在经济方面，彼得大力发展工业，为俄国的强盛奠定了工业基础。他积极建造基础设施，建设通商口岸，发展国内贸易，并实行保护关税政策，奖励输出，限制输入。军事方面，他建立了一支由步、骑、炮、工组成的20万人的正规陆军和一支由48艘战舰、大批快艇和近3万名水兵组成的海军舰队。文化教育方面，他建立了众多培养专门人才的学校，并派遣留学生到西欧学习，规定贵族子弟必须接受教育，必须学会算术和一门外语。此外，他还建立了俄国的第一个印刷所、博物馆、图书馆以及剧院，创建了第一份全俄报纸《新闻报》，并亲任主编，又于1724年开始筹建俄罗斯科学院。政治上，他把宗教权控制在国家和自己手中，改革了行政管理制度，加强了中央集权。这些改革改变了俄国生产力水平低，工商业和文化不发达的局面，为俄国跻身于欧洲强国之列奠定了基础。

彼得大帝是18世纪初期俄罗斯的统治者，俄国历史上被尊为大帝的第一人。他全力以赴地将封闭保守的俄罗斯转变成一个真正的帝国。

在国内改革的同时，彼得发动了连绵不断的战争，从东南西北各个方向拓展了俄国的领土，他在具有战略意义的涅瓦河口修建了彼得堡要塞，建造起木屋城堡，并在1713年把首都由莫斯科迁往彼得堡。1714年，俄军占领瑞典首都斯德哥尔摩。1721年，瑞典被迫与俄国签订和约，把波罗的海的里加湾、芬兰湾及沿岸的爱沙尼亚、拉脱维亚等地割让给俄国。在不到20年的时间里，彼得把彼得堡由几个小村庄变成了拥有7万人的大城市。1721年10月，为了表彰他的功绩，参政院授予他“大帝”和“祖国之父”的称号，俄国国号也改为俄罗斯帝国。

1725年1月28日，彼得大帝在彼得堡去世，享年53岁。

奥地利的开明专制

18世纪中后期，欧洲大陆各国的封建制度日趋衰落，资本主义迅速发展。一些欧洲封建专制国家的君主为了巩固自己的专制统治和顺应时代的发展，他们利用法国启蒙运动思想家伏尔泰希望“开明专制”的观点，高喊“开明”的口号，进行了自上而下的改革，把自己装扮成“开明”君主。于是“开明专制”便成了当时欧洲大陆各封建国家的特征。

奥地利大公兼神圣罗马帝国皇帝的查理六世没有儿子，他担心自己死后王位旁落，就制定了一个新的王位继承法——国本诏书。诏书规定，如果没有儿子，那么女儿也可以继承王位。为了防止自己死后邻国和诸侯反对自己的女儿，查理六世慷慨地给了邻国君主和国内诸侯很多好处，以换取他们的支持。邻国的君主和国内诸侯都纷纷表示赞成查理六世的“国本诏书”。1740年，查理六世去世，他的大女儿、23岁的特蕾西娅即位，成了奥地利大公和匈牙利的女王。

特蕾西娅1717年生于维也纳，天资聪颖，受过良好系统的宫廷教育，学习过世界史、宗教史，能流利地讲德、法、意、捷克和拉丁语。1736 年，特蕾西娅同洛林公爵弗兰茨·斯特凡结婚。

特蕾西娅一登基，邻国和国内的诸侯就推翻了以前的承诺，公开反对她继承皇位，并发兵攻打奥地利，阴谋夺取奥地利的领土。1740 年，普鲁士国王腓特烈联合法国、巴伐利亚、萨克森、西班牙、撒丁等国组成反奥联盟，拒绝承认特蕾西娅的合法继承权，并派兵侵入奥地利最富庶、工业最发达的西里西亚省，史称“奥地利王位战争”。面对严峻的形势，特蕾西娅决心捍卫自己的王位和帝国的统一。她采取了一系列措施，迅速缓解了奥地利的国内矛盾，使奥地利一致对外。随即又积极活动，取得了英国和俄国的支持，并得到了英国大量的经济援助，终于度过了危机。1745 年，她的王位继承权得到了德意志大多数选侯的承认，她的丈夫弗兰茨也被推举为神圣罗马帝国皇帝（皇帝只允许男子继承），但她仍大权独揽。

1748 年，奥地利与交战国签订《亚琛和约》。和约承认了特蕾西娅的王位继承权，但规定奥地利必须把大部分西里西亚割让给普鲁士，把一部分意大利领土割让给西班牙和撒丁王国。

玛丽亚·特蕾西娅

战争的失败暴露了奥地利的政治和军事弊端，使特蕾西娅认识到：“国家的弊端，不仅仅是个人的问题，也是整个王朝结构造成的结果。”在一大批受到启蒙思想影响的大臣的辅佐下，特蕾西娅宣布实行“开明专制”，进行一系列大规模的改革，以振兴国家，巩固统治。

为了对付强大的法国和普鲁士，特蕾西娅首先进行军事改革，创办了“玛丽亚·特蕾西娅陆军大学”，规定以后军官必须经过正式训练才能任职，军官升职不以出身而以学历和战功为标准。她改革征兵方式和军事训练方法，将军队由10万人扩充到27万人，奥地利的军事实力大大增强。

在政治上，为了加强中央集权，特蕾西娅组成国务院，建立了管理内政和财政的机构，剥夺了邦议会和贵族领主的权力。

经济上，她下令统一货币，并发行纸币，减轻农民服劳役的时间，取消贵族和僧侣不纳税的特权。她还鼓励工商业者创立工厂，并设立奖金奖励新发明和新企业。为了改变技术落后的状况，特蕾西娅允许外国技术人员迁居奥地利。同时，公费派遣技师到国外深造，并禁止熟练工人外流。

1780年，特蕾西娅去世，她的儿子约瑟夫二世继承王位（他在1765年父亲去世后就继承了神圣罗马帝国的皇位）。他采取了激进的改革措施，进一步加强了中央集权，废除了农奴制，严格限制天主教的势力。但他的措施触犯了贵族的利益，也激化了民族矛盾。1790年，约瑟夫二世去世，他给自己写的墓志铭是：“这里沉睡着一位国王，他心地纯洁，但却目睹了自己的全部努力归于失败。”

特蕾西娅和约瑟夫二世的改革，取得了很大的成就，是奥地利近代化的开端。

普鲁士精神

普鲁士是神圣罗马帝国的一个小诸侯国，本来并不强大，但国王威廉一世励精图治，扩充军备，普鲁士逐渐成为欧洲的一个军事强国。威廉一世自称“士兵国王”，认为一个国王必须是一个优秀的军事家。他加重赋税，扩充军队，强迫农民当兵，把普鲁士军队从 4 万人增加到 9 万人，还参加了反对瑞典霸权的北方战争。

但令威廉一世头疼的是他的儿子腓特烈，他不喜欢军事而喜欢音乐。腓特烈从小就受到法国文化的熏陶，一心想当音乐家和哲学家。他不仅能熟练地吹奏横笛，自己作曲，还写了很多优美的诗。威廉一世非常生气，认为他学的都是写没用的东西，因此腓特烈和父亲发生了激烈的冲突，并和好朋友准备逃到英国去，结果半路被拦截了。威廉一世把他关了起来，后来腓特烈终于屈服，表示愿意学习军事，这才获得了自由。

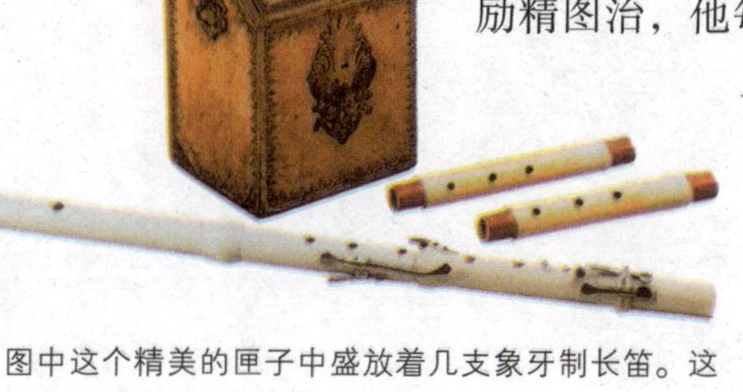

图中这个精美的匣子中盛放着几支象牙制长笛。这仅仅是腓特烈大量收藏品中的一小部分。

1740 年，威廉一世去世，腓特烈即位，被称为腓特烈二世。腓特烈二世即位后，不再沉溺于文学艺术，而是勤于政事，励精图治，他每天早晨四五点就起床，一直工作到深夜。平时穿的衣服也是普通的士兵服，仅仅在参加庆典时才穿上一件外袍。腓特烈生活简朴，他的官员的薪俸也很少，他要求官员必须严格遵守法律，严惩贪污。在当时，欧洲各国贪污腐败成风，只有普鲁士官员清廉。

为了增强国力，腓特烈二世颁布了一系列的法律，大力发展经济，他组织人员改造河流，排干沼泽，给农民提供牲畜和种子，发放贷款。在矿产丰富的西里西亚地区建立矿场，在柏林建了很多工厂。

普鲁士的崛起是和拥有一支强大的军队分不开的。腓特烈二世把军队建设看得高于一切，他将原来 9 万人的军队扩充到 20 多万，把国家 4/5 的收入都用于军费开支。普鲁士军队装备精良，训练有素，纪律严明。腓特烈二世率领他的军队四处征战，夺取了

腓特烈二世设计的无忧宫

大片土地。1740 年，他刚即位就加入了法国组织的反奥同盟，发动了对奥地利的战争。经过两次战争，普鲁士占领了奥地利最富庶、工业最发达的西里西亚，摘取了“奥地利王冠上的明珠”，获得了 3.5 万平方千米的土地，国土面积增加了 1/3，实力大增。在 1756 ~ 1763 年的英法七年战争期间，普鲁士联合英国，同法国、奥地利、俄国作战，虽然首都柏林一度被俄国占领，但后来却反败为胜，巩固了自己的领土，一跃成为欧洲的强国之一。1772 年，腓特烈二世又勾结奥地利和俄国瓜分波兰，夺取了 3.6 万平方千米的土地。法国一位高级官员惊叹说：“别的国家都是拥有一支军队，而普鲁士则是军队拥有一个国家！”

腓特烈二世是欧洲历史上的名将，他毕生从事战略战术方面的研究，创造了多种战术。其中最有名的就是“线形战术”，当时欧洲军队使用的火枪一次只能发射一发子弹，发射第一颗子弹后，要退出弹壳装第二颗子弹，中间间隔了一段时间。腓特烈二世将士兵排列成三排，第一排士兵卧倒，第二排士兵单腿跪下，第三排士兵站立。当第一排的士兵射击时，第二、第三排的士兵装子弹。第二、第三排的士兵发射时第一排的士兵装子弹，如此反复循环，可以不停射击，杀伤力很大。靠着这种战术，腓特烈二世打了很多胜仗。

但在与俄国作战时，他的这种战术却遭到了失败。原来俄国骑兵的速度很快，像一阵风似的就冲到了普鲁士军队的阵地，普鲁士士兵根本就来不及装子弹，因此遭到了惨败。

腓特烈二世从失败中吸取教训，得出了战争的关键在于速度。他又设计了一种新的战术，首先用大炮猛轰敌人的阵地，然后再派骑兵冲锋，最后步兵上前巩固成果。这种炮兵、骑兵和步兵相结合的战术成为近代战争史上最有效的进攻手段。

1786年8月17日，腓特烈二世去世，他被尊为“大帝”。在他临死前，神父布道说：“人赤条条地来，又赤条条地去。”腓特烈二世挣扎着坐起来，大喊：“我不要赤条条地去，我要穿上我的军装！”后来拿破仑来到他的墓前，对手下的将军说：“如果他还活着，我们根本就来不了柏林。”

英法七年战争

18世纪前期，英、法为争夺殖民地和制海权而矛盾重重；奥地利和普鲁士为争夺萨克森、波兰等地区和德意志诸侯国的霸主地位，斗争日益激烈；俄罗斯先后战败瑞典和土耳其，成为欧洲强国，但普鲁士的强大成为俄进一步南下扩张的严重障碍；瑞典想从普鲁士手中夺取波美拉尼亚。在这种情况下，各国积极展开外交，寻求同盟，欧洲逐渐形成以英、普为首和以法、奥、俄为首的两大同盟集团，战争不可避免。

1756年7月，法奥俄同盟反普呼声高涨。普鲁士国王腓特烈为防止反普势力联合，决定采取主动进攻，争取战争的主动权。他把军队分成4路，用3路大军防守和牵制俄国，他亲率第4路大军于1756年8月28日对萨克森发动突然攻击，一举攻占了德累斯顿，封锁了皮尔那，迫使萨克森投降。前来支援的奥军被普军在罗布西兹击溃，普军乘胜进攻布拉格。

普军入侵萨克森，法、俄等国极为震怒。于是，法奥俄联盟

普鲁士的腓特烈大帝

决定出动50万大军围攻普军。面对联军的大举围攻，腓特烈并不害怕，他频频调动军队，抗击各路敌军。

11月5日，普军和联军在罗斯巴赫附近相遇。联军统帅索拜斯凭借兵力优势，想迂回侧翼突击，力求速战。腓特烈识破敌方意图后，立即命令部队移师贾纳斯山上。索拜斯误以为普军在全面撤退，下令全面追击。联军的整个队形杂乱无序，盲目进攻，预备队也冲到前面，侧翼完全暴露出来，给普军的进攻提供了明确的目标。

负责监视的4000名普军骑兵在联军攻近时，如尖楔一般插入联军的正面和右翼。贾纳斯山上的普军炮兵同时向联军发出猛烈的火力，撕开了联军的整个队形。在普军的攻击下，联军溃败，损失8000余人，普军仅伤亡500余人。

贾纳斯山大战结束后，腓特烈并没有宿营过冬，而是采取突袭策略，连连打击联军。12月4日，联军在鲁腾占领了一个较好的防御性阵地，沿着阵地，联军排列阵形长达8千米，兵力是普军的3倍。5日凌晨，对地形极为熟悉的腓特烈发现联军阵地过长的弱点，于是派小股骑兵佯攻联军的右翼，把优势兵力隐蔽起来，以防止暴露作战意图。受到攻击的右翼联军误认为是普主力军，遂从预备队和左翼调兵支援，左翼兵力薄弱。腓特烈立即命主力军由 4 支纵队变为 2 支纵队，采用斜切战斗队形向敌人左翼发起突然袭击。局部人数占优的普军使联军阵形大乱，不久便溃不成军，普军骑兵趁势猛冲敌人阵地。双方激战至夜幕降临，联军全部崩溃，其中奥军遭到毁灭性的打击。随后的时间里，普军和联军互有胜负。

1759 年 8 月 12 日，俄奥两军联合在普鲁士腹地库勒尔斯多夫与普军展开会战。仅有 2.6 万人的普军仍采用主动出击策略，向拥有 7 万余人的俄奥联军阵地发起长达 3 个小时的猛烈炮轰，随后以斜切队形发起进攻，顺利夺取了米尔山阵地，向联军中央阵地发起冲击。联军被迫顽强防守，猛烈的炮火阻击住普军精锐骑兵的进攻。接着，联军展开猛烈的反攻。已精疲力竭的普军抵挡不住联军的冲击，纷纷逃离战场。

这次战役成为七年战争的转折点，从此，普军元气大伤，被迫转入战略防御。战争随后又拖了 4 年之久，双方各有胜负。同时，英、法的海上战争也十分激烈，各国之间争战不休，欧洲陷入一片混战之中。1762 年，英国人背弃了普鲁士，率先与法国单独缔结停战协议，使普鲁士陷入孤立。交战各国这时都已筋疲力尽，无心再战，遂相继签订停战协议，一场规模浩大、席卷欧洲的战争宣告结束。

七年战争使英国真正成为海上霸主；法国受到削弱；俄国加强了在欧洲强国地位；普鲁士的特殊地位在德意志得以巩固，欧洲格局发生了较大变化。

叶卡捷琳娜二世

叶卡捷琳娜二世本名叫索菲娅·奥古斯塔，是德意志一个小公爵的女儿。幼年时，索菲娅受到法国启蒙思想家的影响，经常给孟德斯鸠写信。这种书信往来持续了很长时间，后来她当女皇后仍是这样。1744 年，15 岁的索菲娅随母亲来到俄国，改名为叶卡捷琳娜·阿里克塞耶芙娜，并在第二年同后来的沙皇彼得三世结婚。

叶卡捷琳娜来到一个完全陌生的环境中，与丈夫彼得的关系又不好，因此常感到孤独寂寞。她把时间用在读书和了解俄国上，为自己积累了丰富的知识。同时她也处心积虑地积蓄力量，取得了俄国贵族和军队的支持。1762 年，叶卡捷琳娜在近卫军军官的支持下发动政变，囚禁了继位仅半年时间的丈夫彼得三世，三天后又将其杀害，自己登上了俄国沙皇的宝座。

叶卡捷琳娜每天大部分时间都在阅读、书写备忘录及信件或签署政令中度过。

叶卡捷琳娜即位后的国内形势很不稳定，反对她篡位的贵族大有人在，但她采取了一系列维护贵

圣彼得堡皇宫前的阅兵式

族特权、加强贵族专政、巩固农奴制度的措施，稳定了自己的政权基础。她把俄罗斯的农奴制度推广到乌克兰、白俄罗斯和波罗的海沿岸广大被征服的地区，并规定农奴是地主的私有财产，可以随意买卖。她还把大量国有农民连同土地赠送给贵族，这样到18世纪初，全国人口的49%已变成农奴，叶卡捷琳娜在位期间也是俄国农奴制高速发展时期。

同时，她改革了中央和地方的政权机关，建立起高度集中的专制制度，采取一系列措施鼓励工商业的发展，使俄罗斯帝国的国力在彼得一世后再次获得了迅速发展，进入了鼎盛时期。她还接受了法国启蒙思想家的“开明专制”的政治主张，和伏尔泰、狄德罗等法国思想家交往密切，在1767年夏天召集“新法典起草委员会”会议，宣扬了自己的君主专制、严厉的法治主义以及法律面前人人平等的思想。由于她的卓越才能和成就，她成为继彼得一世后第二个被俄国贵族授予“大帝”称号的沙皇。

巩固政权之后，叶卡捷琳娜二世继承彼得大帝的衣钵，开始大举对外扩张。她在1768 ~ 1774年和1781 ~ 1791年两次发动对土耳其的战争，夺取了亚速海及黑海沿岸地区，兼并克里米亚汗国，并取得黑海至地中海的航行权。她还3次参加瓜分波兰，为俄国取得第聂伯河以西的乌克兰、白俄罗斯、立陶宛等地。到

18 世纪末，俄国虽然在政治、经济、文化上仍大大落后于西方国家，可是由于广大的幅员与强大的军力，它却已跻身于欧洲列强之列了。

连续多年的对外战争，消耗了俄罗斯帝国大量的财力物力，而这些负担都转嫁到农民身上。在叶卡捷琳娜二世的纵容下，贵族们穷凶极恶地压榨农民，终于在 1773 年酿成俄国历史上最大规模的普加乔夫农民起义。叶卡捷琳娜二世利用起义军缺乏统一指挥、各自为战的弱点，用了两年多时间就镇压了这次起义。

叶卡捷琳娜二世无疑是俄国历史上最野心勃勃的皇帝之一。她在 48 岁时有了第一个孙子，取名为亚历山大，意思是希望孙子学习古代的亚历山大大帝，使俄国成为横跨亚、非、欧三大洲的大帝国；50 岁时有了第二个孙子，取名康斯坦丁，希望他成为君士坦丁堡的征服者。她甚至说：“要是我能活到 200 岁，整个欧洲都是俄国的。”叶卡捷琳娜二世晚年还念念不忘建立俄国的世界霸权，企图建立一个包括 6 个都城（彼得堡、莫斯科、柏林、维也纳、君士坦丁堡、阿斯特拉罕）的俄罗斯帝国，而且要侵入波斯、中国和印度。可是她的野心未能实现，1796 年 11 月 6 日，她因为中风去世，享年 67 岁。

普加乔夫起义

18 世纪中后期，随着商品货币经济的发展，俄国资本主义生产关系日渐形成，专横的农奴封建体制由昔日的彼得盛世开始衰落。为维护沙皇统治和封建帝制，俄国的对外扩张始终没有停止，连绵的战争加重了人民的负担，挥霍无度的封建主加剧了对农民的剥削和压榨。土地慢慢被地主等贵族侵占，苛捐杂税和种种的劳役使农民群众处在水深火热之中，阶级矛盾尖锐，反压迫、反剥削的吼声越来越强烈。

普加乔夫出生在顿河流域的一个贫穷的哥萨克家庭。他在哥萨克军中任少尉，参加过俄波、俄土战争，因不满沙皇的统治，从部队中逃回家乡。1773 年 9 月 17 日，普加乔夫利用广大农民对沙皇的信仰，自称是被杀的彼得三世，并发布诏书、宣传檄文，集聚 80 人于 18 日开始攻打雅伊克城，揭开了普加乔夫起义的序幕。

起义军没有多少枪炮，面对设防坚固，重兵布防的雅伊克城，普加乔夫放弃攻城而绕道沿雅伊克河而上，直逼俄军在东南部的军政要地奥伦堡。一路上，农民、哥萨克、鞑靼人等非俄罗斯民族群众、逃亡士兵、厂矿工人纷纷加入到起义军行列，起义队伍迅速壮大。9 月 21 日，起义军攻占了伊列克镇，缴获了大量火炮、弹药和粮食。沿路各要塞纷纷不战而降，起义军的声势越来越大。10 月 5 日，起义军进抵奥伦堡时，人数增至 2500 余人，还有了 20 门大炮。

1773年9月普加乔夫率领群众起义。

奥伦堡是俄国的军政要地，有重兵把

守，城池坚固，对于人数和武器均处于劣势的起义军来说，攻克它实非易事。强攻的失败使普加乔夫改变策略，实施围城打援，封锁奥伦堡。

女沙皇叶卡捷琳娜二世派卡尔率领3500名政府军前去镇压起义军，解围奥伦堡。政府军行至尤泽耶瓦村时遭到起义军伏击而惨败。沙俄当局急忙从西伯利亚等地调集军队，再次前往起义军地区，又遭到起义军的突袭而溃败。

1773年12月，起义军扩大到2.5万人，火炮增至86门，势力扩展到俄东南部大部分地区。为更好地领导起义，行伍出身的普加乔夫按正规军编制起义军，成立军事委员会进行指挥。

寒冬来临时，普加乔夫命令少部分部队监视奥伦堡俄政府军的动向，主力军在别尔达休整。他放弃了进一步向伏尔加河流域进军的机会，从而失去了当地准备支持声援的群众，使起义范围仅限于俄东南一隅，为沙俄政府调集军队赢得了时间。

1773年12月，俄政府派上将比比科夫率领6500余人、30门大炮增援奥伦堡。忙于休整的普加乔夫对政府军的再次镇压并不重视，但政府军在比比科夫的率领下，凭借优势兵力，屡战屡胜，连克数镇，很快攻克了布坦卢克镇。普加乔夫这时才从主力中调集部分军力，前去截击，但为时已晚。1774年3月22日，两军主力在塔季谢瓦要塞附近相遇，开始了起义军与政府军第一次大规模会战。

激战开始，勇敢的起义军和政府军用炮火对射。在炮火的掩护下，双方展开了短兵搏斗。在训练有素、纪律严明的政府军面前，起义军虽然顽强，但纪律涣散，相互不会策应，根本没有什么配合。经过6小时的激战，普加乔夫主力军损失惨重，火炮尽失，他带着500人冲出重围。

普加乔夫退到乌拉尔山，重新组织起义军，巧妙运用游击战术摆脱政府军，向伏尔加河进发。1774年7月12日，普加乔夫强攻喀山，在阿尔斯克被政府军痛击，起义军几乎全军覆没，普加乔夫被迫逃往伏尔加河右岸。在这里他得到农奴和人民的支持，起义军直接威胁到莫斯科。这时俄土战争结束，俄军在苏沃洛夫的率领下追击南下的普加乔夫。1774年8月25日，双方在索里津附近展开决战，起义军惨败，剩余不到50人。在溃退中，普加乔夫被叛徒捆绑交给政府军。

1775年1月10日，普加乔夫在莫斯科被处决，起义失败。

这次农民起义震撼了沙俄的封建农奴制度，表现出人民群众非凡的勇气和果敢精神。起义虽然失败，但客观上它对俄国发展起到了促进作用。

瓜分波兰

波兰大诗人密茨凯维支在《给波兰母亲》一诗中写道："虽然一切民族、国家、教派都彼此相爱，虽然全世界都在高唱着和平，但你的孩子却只有殉难的死亡，只有不能获得光荣的战争。"这首诗反映了多灾多难的波兰人民在外国占领者的铁蹄下的悲惨命运和痛苦呻吟。

波兰人的祖先是来赫人，属于西斯拉夫人的一支，居住在维斯瓦河与奥得河一带。公元9世纪时，波兰建国，成立了皮亚斯特王朝。公元966年，波兰人接受了基督教。1320年，斡凯塔克一统波兰地区，加冕为波兰国王。1386年，立陶宛与波兰合并，成为一个欧洲大国，定都华沙。1683年，土耳其大军围攻维也纳，波兰国王索比斯基亲自率领波兰骑兵救援，与奥地利军队联合，大败土耳其人，拯救了整个欧洲。

但到了17世纪中叶，波兰开始衰落。国内农奴制盛行，严重制约了经济的发展。在政治上，波兰处于分裂、割据的状态，没有建立一个强有力的中央集权政府。波兰实行的是“自由选王制”（国王由议会选举产生，外国人也有资格参选），这导致波兰王位频繁更迭，很多外国人当上了波兰国王，在1572 ~ 1795年中的11位国王里竟有7名外国人！另外，波兰议会的“自由否决权”制度（议会决议只要有一人反对就不能通过）使波兰无法进行有效统治，很多会议根本达不成任何决议。混乱中的波兰日益衰落，成为强邻侵略的目标。

华沙古老的街道

华沙地处欧洲中部，既没有御敌的天然屏障，又夹在列强中间，自古以来不断受到侵略。拿破仑时代成立了华沙大公国，但不久大部分国土被俄国吞并。

波兰西临普鲁士，南临奥地利，东面与沙皇俄国接壤。这一时期的三国国力蒸蒸日上，对土地和财富有着强烈的渴望，衰弱的波兰自然成为他们掠夺的对象。普鲁士、奥地利和沙俄联合起来，先后3次瓜分波兰。

第一次是在1772年。沙俄女皇叶卡捷琳娜二世把波兰视为沙俄通向西欧路上的障碍，总想除之而后快。普鲁士、奥地利两国也对波兰虎视眈眈。1763年10月，波兰国王奥古斯都三世去世，沙俄女皇叶卡捷琳娜二世强迫波兰议会选举亲俄大贵族波尼亚托夫斯基为新国王，以方便控制波兰。面对严重的民族危机，部分波兰爱国贵族掀起爱国革新运动，并于次年2月发动了反俄起义。沙俄趁机出兵，镇压了起义，大力扶植亲俄派贵族，普、奥也同时出兵入侵波兰。1772年8月，俄、普、奥三国在沙俄首都圣彼得堡签订瓜分波兰的条约。根据条约，沙俄得到了第聂伯河中游和西德维纳河以东的地区，普鲁士得到了西普鲁士省（但泽除外），奥地利得到了加里西亚地区（克拉科夫除外）。波兰丧失了35%的领土和33%的人口。

面对严峻的形势，部分爱国贵族主张进行改革，制定新宪法，废除“自由否决权”。这损害了很多亲俄大贵族的利益，引起了他们的不满。于是他们向沙俄求援，沙俄和普鲁士随即派兵侵入波兰，扼杀了这次改革。1793年，俄、普再次瓜分波兰。沙俄得到了德涅斯特河上游以北、西德维纳河中游以南和第聂伯河以西的大片领土，普鲁士得到了但泽和波兹南等城市在内的土地。奥地利因正在和法国作战，所以没有参加。

在这种亡国灭种的危急时刻，1794年，在波兰民族英雄塔代乌士·科希秋什科和扬·基林斯基等人的领导下，克拉科夫地区的波兰人举行了大规模的武装起义，点燃了反抗外国侵略的第一把大火。起义军推翻了懦弱无能的国王，建立起临时政府。但随后俄普联军进攻波兰，镇压起义。起义军宁死不屈，同外国侵略者展开了殊死搏斗。在激战中，科希秋什科不幸坠马被俘，身负重伤的扬·基林斯基被起义者埋在堆积如山的尸体中，但也被敌人搜出，押解到圣彼得堡。其他的起义军被流放到冰天雪地的西伯利亚，遭受非人的折磨。

在镇压波兰起义后，1795 年 10 月，俄、普、奥三国签订协定，对波兰进行了第三次瓜分，将波兰瓜分完毕。在瓜分波兰过程中，沙俄占领的土地最多，达 46 万平方千米，占原波兰领土的 62%，普鲁士占领了 14 万平方千米，占原波兰领土的 20%，奥地利占领了 12 万平方千米，占原波兰领土的 18%。波兰从此在欧洲版图上消失了 100 多年，直到第一次世界大战后才复国。

俄土战争

俄国随着势力的增强，对外扩张的野心越来越大。1768 ~ 1774 年的俄土战争，虽然使俄国取得了黑海的控制权，但进一步南下的野心并没就此而止。1777 年 4 月，俄军又攻克了克里木，占领了整个库班地区，随后又向格鲁吉亚挺进。奥斯曼土耳其面对咄咄逼人的俄国也不甘示弱，强烈要求俄国归还其土地，并声明格鲁吉亚是土耳其的属地，还对通过海峡的俄国商船进行严格检查和限制。俄国并不理会，积极进行外交活动，准备对土耳其发动战争，土耳其也与瑞典结盟做好应战准备。

为赢得战争的主动权，土耳其舰队企图在金布恩登陆，攻击俄军。1787 年 9 月 2 日，土耳其舰队向停泊在金布恩附近海域的俄国两艘巡逻舰发起袭击，俄舰队立即向土军反击，在要塞炮兵积极配合下，击退了土军的进攻。10 月 12 日，5000 名土耳其士兵在炮火的掩护下再次从金布恩强行登陆，准备攻占要塞。守城的苏沃洛夫是位杰出的军事指挥家，他率领防守军奋勇拼杀，击退土军的进攻，并乘胜追击，几乎全歼土军，给土耳其一记重创，打乱了土耳其的作战部署。

1788 年 1 月，按照和约，俄国盟国奥地利宣布对土开战。6 月，波将金指挥俄主力部队分水陆两路围攻战略要地奥恰科夫。7 月 14 日，双方舰队在费多尼亚岛遭遇，展开激战。俄军抢占上风，痛击敌舰，陆上继续对奥恰科夫进行围困。12 月 17 日俄军发起总攻，激战数小时，奥恰科夫被攻克。俄军围攻奥恰科夫之时，瑞典对俄宣战，准备从波罗的海进攻圣彼得堡，遭到俄舰队的阻击，虽未分胜负，但登陆计划被打乱。瑞典国王只好率 3.6 万人从

叶卡捷琳娜二世观看彼得大帝青铜雕像揭幕

陆上进攻彼得堡，但队内芬兰籍官兵拒绝越境作战，瑞典计划再次破产，只好带兵回国。

1789 年 7 月，俄、奥两军会师。8 月 1 日，在福克沙尼遭到土骑兵的袭击。土骑兵依托森林的掩护，与联军周旋。苏沃洛夫一面从正面牵制土军，一面指挥联军向森林的两侧迂回，直扑土军阵营。经过 10 小时的激战，消灭土军 1500 余人。奥地利军队驻守福克沙尼,9 月，土耳其主力反扑而至，福克沙尼告急。18 日，苏沃洛夫率领 7000 余人隐蔽行军，与奥地利军会合，于 21 日夜偷渡雷姆纳河。次日凌晨向土军阵地发起突然袭击，雷姆尼克会战开始。土军虽然经过 12 小时的顽强抵抗，但最终放弃阵地溃退，土耳其的整个计划被打乱。俄军趁势一举攻克了宾杰拉，阿克尔曼城不战而降，俄军控制了整个摩尔多瓦。

1790 年，瑞典企图进攻圣彼得堡的计划破灭，双方海战势均力敌，不分胜负，便与俄签订和约。9 月，奥地利也因种种原因单独与土耳其签订停战和约。俄土双方都失去盟军后，战争也进入关键阶段。

10 月中旬，俄陆军向伊兹梅尔挺进。伊兹梅尔位于多瑙河左岸，防御工事坚固，它控制着多瑙河下游，直接威胁俄军的侧翼和后方，战略位置极为重要。12 月，苏沃洛夫指挥陆军 3.1 万余人开始了对伊兹梅尔的围攻。土耳其守兵有 3.5 万人，大炮 265 门，再加上坚固的防御，俄军连续强攻两次，都被土军猛烈的炮火击退。苏沃洛夫对伊兹梅尔周围地形及土军的防守情况进行详细侦察。18 日，苏沃洛夫给土耳其首领发一封劝降信，意欲从思想上动摇土军，但遭到拒绝。于是他兵分三路，从东南西三个方向同时发起猛攻。南面防御较为薄弱，他把2/3的兵力和3/4的火炮集中在南路。22日凌晨，俄军在黑暗和浓雾的掩护下开始排兵布阵，三路大军同时发起猛攻。守城土军主动出击，向俄军猛烈开火，但土军的被动局面始终未扭转。8时许，城池被攻破，土耳其士兵顽强地与俄军展开激烈的巷战。16时战斗结束，土耳其士兵死的死、降的降，全军覆没，俄军也付出1万人的惨重代价。

主力尽失的土耳其在随后的战斗中屡战屡败，被迫于1792年1月与俄签订《雅西和约》，土耳其承认沙俄兼并克里木，也放弃了格鲁吉亚。

俄土战争实现了沙俄称雄黑海的野心，从而为其进一步向巴尔干、地中海和中亚方向的侵略扩张创造了有利形势。

启蒙运动的先驱伏尔泰

伏尔泰是18世纪法国启蒙运动杰出的哲学家、政治活动家、文学家。伏尔泰的真名是弗朗索瓦·玛丽·阿鲁埃。1694年，伏尔泰出生于富裕的中产阶级家庭。父亲是法院公证人，母亲在他7岁时去世。10岁时，伏尔泰进入了耶稣会主办的大路易中学读书，12岁时已会作诗，并爱读反对宗教、宣扬自由的书。1711年8月，中学毕业后，迫于父亲的压力，伏尔泰又学了两年法律。但他却爱好文学，时常作诗，出入于豪贵门第。从1714年初开始，伏尔泰开始做见习律师。从这时起，伏尔泰开始写时政讽刺诗。

1717年5月17日，伏尔泰因一首涉及摄政王并预言“法国将要死亡”的诗歌《幼主》，遭到逮捕并被关进了巴士底狱。他在狱中完成了悲剧《俄狄浦斯》，出狱后，他用“伏尔泰”的笔名出版了这部悲剧，剧本在巴黎上演，大受欢迎，伏尔泰由此一举成名。1721 年，他完成了史诗《亨利亚特》。这部史诗引起了较大的反响，但却没有得到官方的出版许可。

法国启蒙思想家伏尔泰，这是他 34 岁时的一幅肖像画。

1725 年，伏尔泰侨居英国，在那里研究了哲学家洛克和科学家牛顿的作品，完成了两部历史著作《论法兰西内战》和《查理十二史》。著名的悲剧《布鲁图斯》也是在这时完成的，为 1789 年法国资产阶级革命做了舆论准备。1729 年下半年，伏尔泰完成了另一部史诗《奥尔良少女》，重新塑造了法兰西民族女英雄贞德的形象。

1734 年伏尔泰回到法国后，在里昂出版了不朽的世界名著《英国通讯》(又名《哲学通讯》)。这部著作以书信体裁介绍英国的政治、哲学、科学和宗教等情况，抨击君主专制制度和法国的教派斗争，宣传唯物论思想，引起了极大的轰动。法院将这本书判为禁书，全部焚毁，而伏尔泰也被迫隐居。

在避居期间，伏尔泰又匿名发表了《论形而上学》《牛顿哲学的基础》等著作，同样猛烈地攻击封建制度和教会的统治。后来，他得到法国宫廷的重用，1745 年被路易十五任命为编纂法兰西王国历史的史官，次年又被选为法兰西学院院士。但他因触犯了权贵大臣，不久被迫离开巴黎。

1750 年 6 月，伏尔泰离开巴黎到普鲁士，成为无忧宫的宠客。1751 年，他完成历史著作《路易十四时代》。1752 年，他与普鲁士国王在思想观点上发生冲突，两人关系破裂。伏尔泰于 1753 年离开了普鲁士。从此，他决心再也不同任何君主来往。1754 年，他前往瑞士。

1755 年，他在瑞士边境的佛尔纳购置了一座城堡，并在这里度过了后半生。定居佛尔纳后，伏尔泰积极投身于启蒙运动，继续宣传自己的民主思想，抨击封建统治者和教会的罪恶，评论法国社会发生的各种事件。当时启蒙的代表人物如卢梭、狄德罗、爱尔维修等人，都公认伏尔泰是他们的老师，对他推崇备至。在启蒙思想家中，伏尔泰的文学作品数量最多，成就也最高，各种体例几乎无所不包。在剧本方面，他最著称的有悲剧《欧第柏》《布鲁杜斯》《伊兰纳》等和喜剧《放荡的儿子》《一个苏格兰女人》等；在诗篇方面，他最著称的有史诗《亨利亚特》《奥尔良的少女》等；在小说方面最著称的有《老实人》《天真汉》等。他才思敏捷、妙语连珠、文笔锋利、词句精炼，善于以机智的讽刺打击敌人，在字里行间充满着嬉笑怒骂的哲言。

1755 年 11 月，葡萄牙首都里斯本的两次地震在思想家中引起了混乱。伏尔泰写了两首哲理诗，《咏里斯本的灾难》和《咏自然法则》，遭到卢梭的批评。1758 年 7 月，《瑞士报》刊登文章攻击伏尔泰，称他即使不是无神论者，也是被自然神的兴趣冲昏头脑的疯子。12月，伏尔泰在同一刊物上发表了《斥一篇匿名文章》，公开向宗教势力挑战。1759年，伏尔泰完成《老实人》一书，给了天主教会以毁灭性的打击。

这期间，伏尔泰完成了他一生中最激进的论著——《哲学辞典》和《有四十金币的人》。这标志着他思想的转变和成熟。伏尔泰的活动动摇了专制制度、天主教会的威信以及整个封建制度的全部体系，他的威信越来越高。

1772年，老年伏尔泰又投入到保卫人权、消灭败类的战斗中。他用真名发表了《关于康普小姐诉论的哲学思考》，要求恢复"南特敕令"给予新教徒的权利。1775年，伏尔泰写了《理性史赞》，概述了近代历史，他乐观地预言开明的理性取得最后胜利的日子就要到来。

1778年，84岁的伏尔泰回到巴黎，受到了人们的热烈欢迎。巴黎剧院上演了他的新作悲剧《伊兰纳》，演员们在舞台上抬出他的大理石半身像，还为石像举行了加桂冠的仪式。同年5月30日，伏尔泰因病逝世。

卢梭与《社会契约论》

让–雅克·卢梭，是启蒙运动时期最杰出的思想家，也是一位伟大的文学家。他的祖籍在法国，1712年，他出生于瑞士日内瓦的一个平民家庭。父亲伊萨克是个贫困的钟表匠和舞蹈教

卢梭像

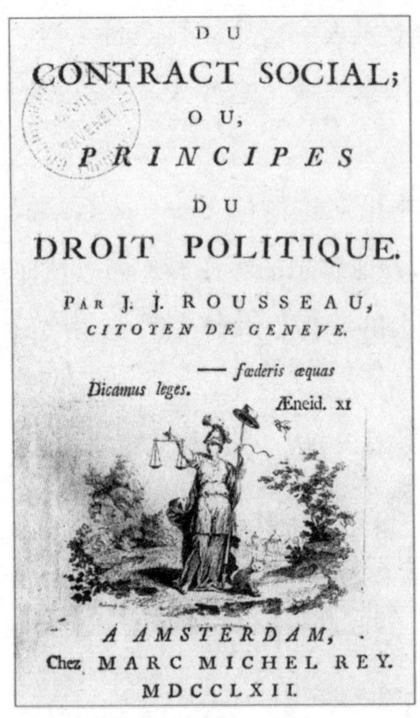
DU

CONTRACT SOCIAL;

OU,

PRINCIPES

DU

DROIT POLITIQUE.

PAR J. J. ROUSSEAU,

CITOYEN DE GENEVE.

— *fœderis æquas*

Dicamus leges.

Æneid. XI

A AMSTERDAM,

Chez MARC MICHEL REY.

MDCCLXII.

《社会契约论》封面

师，母亲是一个牧师的女儿，在卢梭出生几天后病逝。

卢梭从小和姑妈生活在一起，在姑妈的指导和鼓励下，他从小就阅读了很多古希腊和古罗马的名人传记、抒情小说，获得了丰富的知识。10岁时，他被送到一个叫朗贝尔西埃的牧师家里住了两年，学会了拉丁文。12岁时，在一个公证人那里做仆人。1725～1728年，他在一个性格暴戾的雕刻匠的店里做学徒兼杂役，生活艰辛，不时受到主人的鞭笞，最后他不堪忍受，弃职逃走，从此过起了颠沛流离的生活。

1728年，16岁的卢梭流浪到萨瓦，1740年来到里昂，两年后又来到了巴黎。直到1750年7月，第戎科学院宣布他的论文《论科学和艺术是否败坏或增进道德》获得第一名，卢梭才开始在社会上享有盛誉，成为哲学界的著名人物。成名之后，卢梭改变了生活方向，他决心放弃对财产和声誉的追求，永远保持贫困和独立。1752年，他创作的歌剧《乡村魔术师》上演后获得巨大成功，演出的第二天，法王路易十五授予他一笔年金，但他拒绝接受。

1755年，卢梭出版了他最重要的理论名著《论人类不平等的起源和基础》，震动了整个欧洲。在该书中，他对私有制进行了猛烈的抨击，并提出暴力能支持暴君，也能推翻暴君的辩证思想。

1758年，他与百科全书派的领袖狄德罗在宗教等问题上发生分歧，最后与百科全书派分道扬镳。这以后，他患了一种受迫害妄想症，遭受了严重的病痛折磨。

但是在1761～1762年间，他完成了自己最重要的3部著作：《新爱洛绮丝》《爱弥儿》和《社会契约论》。《新爱洛绮丝》通过叙述平民出身的少年圣·普洛和贵族女儿朱丽叶的悲剧爱情，揭示了社会伦理道德的冲突。《爱弥儿》认为一个人生下来就是完美的，教育者的职责是保持孩子的这种完美本性，促进受教育者自然发展。《社会契约论》集中体现了卢梭的民主主义思想，后来成了反映西方传统政治思想的最有影响力的著作之一。卢梭认为国家是由于订立契约而产生的，而人民是订立契约的主体。所以，人民有权利废除对自己不利的契约，建立符合自己权利的契约，这就是著名的“人民主权论”。

《爱弥儿》和《社会契约论》的出版，给卢梭带来了巨大灾难。他的书被焚毁，他本人也受到法院的通缉和教会的声讨，只能隐姓埋名、隐居起来度日。

1766年，卢梭流亡到普鲁士。英国大哲学家休谟听说他的遭遇后，热情地邀请他到伦敦居住。那时，饱经风霜的卢梭患了严重的妄想症，对谁都不相信。到伦敦后，他怀疑休谟会谋害自己，于是经常和休谟争吵。住了不到一年，他就惊慌地逃离了英国。

1770年，法国政府宣布对他赦免，卢梭返回巴黎。他恢复了自己的真名，在沙龙里朗读叙述自己生活史的著作《忏悔录》。这部世界文学史上别具一格的名著，不仅以坦率的态度叙述了卢梭的生活史，而且用美妙的文笔和卓越的才能维护他的学说，回击他的论敌。

晚年的卢梭过着孤独而清贫的生活，郁郁寡欢。1778 年 7 月 2 日，他因中风而病逝。法国大革命后，他的遗体被葬入巴黎的伟人公墓。

莱克星顿的枪声

从 16 世纪开始，北美洲逐渐成为欧洲列强的殖民地，各国都有移民移居北美。经过 100 余年的发展，美利坚民族渐渐形成。18 世纪中叶，英国在北美大西洋沿岸建立了 13 个殖民地，并阻止当地资本主义经济的发展，企图把这些殖民地变成英国工业品的销售市场和廉价原料的供应地，加大对殖民地的掠夺与压榨。英法七年战争结束后，英国在殖民地增加税收，控制出海权，把战争损失转嫁到北美人民的身上，双方矛盾日益激化。英国为独占西部，禁止向西移民，切断了北美人民的谋生之路，同时也限制了资产阶级对西部的开发，北美人民不断掀起反抗，从经济、政治斗争渐渐演变成武装冲突。

1774 年 9 月 5 日，英属殖民地代表在费城成立“大陆会议”，并秘密组织民兵武装，在康科德备有军需物资库。这一消息被英殖民者麻省总督盖奇知道后，于 1775 年 4 月 18 日派史密斯上校带兵收缴。民兵在莱克星顿一役中，牺牲了 18 人。毁掉军需物资的英军在撤退时受到全莱克星顿人民武装的包围，英军且战且退，伤亡 259 人。

莱克星顿枪声是美国独立战争中的第一次战役，它震动了整个北美殖民地。民兵迅速集合起来，包围了波士顿。5 月 10 日，大陆会议在费城召开第二次会议，决定成立一支真正的革命军队——大陆军，由华盛顿任总司令。

缺枪少弹的大陆军凭借满腔热情，攻占了加拿大的蒙特利尔，打退了波士顿的英军，击败了南部查尔斯顿的殖民者。1776 年 7 月 2 日，大陆会议通过了《独立宣言》，大陆军成为合众国武装，整个北美殖民地人民情绪激昂。华盛顿率领军队接连取得胜利，迫使英军退出新泽西州中西部。

英军欲以加拿大为基地，先平定北部新英格兰和纽约的美军，再向中南部推进。伯戈因遂带领加拿大英军南下，计划与纽约豪的驻军会合。但豪改变计划南下，伯戈因失去接应，新英格兰境内的民兵不断阻击和骚扰，伯戈因无法获得充足的补给，行动迟缓。

9 月 19 日，处于困境的伯戈因决定放弃交通线，破釜沉舟向南进发，在弗里曼农庄向美军发起进攻。美军的顽抗使英军损失惨重，伤亡 600 余人。10 月 7 日，英军再次进攻，又遭到美军痛

1775 年 4 月 18 日黎明，莱克星顿的枪声揭开了北美独立战争的序幕。

击，伯戈因被迫撤退。10 月 12 日，退到萨拉托加附近的伯戈因发现被追击的美军包围，只好投降。16 日，与美签订《萨拉托加条约》。

萨拉托加的胜利，是美国独立战争的转折点。国际反英势力纷纷支援美国，法、西、荷等国相继对英宣战，英国在国际上处于孤立状态。

英军将战略重心转移到南方，先征服佐治亚州，又逼降查尔斯顿的美军，随后攻占了南卡罗莱纳。1780 年 12 月，华盛顿任命洛林为南部美军总司令。洛林将部队分散开来，展开游击战。1781 年 1 月 17 日，在考彭斯歼灭英军 1100 人。3 月 15 日，在吉尔福德重创英军。同时，法国舰队在海上与英军周旋，也大大牵制了英军的陆上攻势。

4 月，美军在法、西、荷等国海上舰队的配合下，开始大规模反攻，迫使英军退守海岸线。8 月，英统帅康沃利斯将南部主力集中在弗吉尼亚半岛上的约克敦，以便与纽约驻军相互策应。华盛顿率领美法联军 1.6 万余人，从水陆各方包围了约克敦，切断了英军与纽约驻军的联系。10 月 9 日，联军发起总攻，分别从左右两方同时向约克敦发炮。火炮的巨大吼声持续了十八九个小时，英军逐渐支持不住。16 日，试图从海上逃跑的英军又因暴风吹散了准备好的船只而无法撤离。17 日，失去反攻能力的英军只好投降。

1783 年 11 月 3 日，美英签订和约，英国承认美国独立。美国独立战争宣告结束。

美国独立战争打碎了英国的殖民统治，实现了美国独立，掀起了美洲殖民地人民谋求独立的革命浪潮，开创了资产阶级革命的新纪元。

美国《独立宣言》

1743年4月13日，杰弗逊出生于弗吉尼亚。杰弗逊的父母对子女的教育非常重视，让他接受了良好的教育。杰弗逊少年时就通晓拉丁文和希腊文，阅读了很多古典名作。1760年，杰弗逊考上了威廉·玛丽学院。在求学期间，他每天学习达15小时，浏览了很多启蒙运动时期英法大思想家、大哲学家的作品，视野日益开阔，思想日渐深刻，为他成为美国历史上出类拔萃的人物奠定了基础。1767年，杰弗逊取得了律师资格，后来又当选为弗吉尼亚议员，开始从政。

随着北美殖民地经济的快速发展和英国对殖民地剥削日益加重，北美人民和英国宗主国的矛盾日益尖锐。起初杰弗逊并没有产生独立的念头，后来他看了一本宣扬独立的小册子《常识》。《常识》的作者大声疾呼，北美殖民

起草《独立宣言》的委员会成员们站在主席约翰·汉考克面前，站立者中左数第四人为杰斐逊。

地的前途和命运在于摆脱英国的殖民统治宣告独立。当时殖民地人民反英斗争日益高涨，杰弗逊也投身于北美独立运动的洪流之中。

1776年6月7日，在费城举行的第二届大陆会议上，弗吉尼亚代表理查德·亨利·李提出了一个议案，要求解除对英国国王的一切效忠，争取外国政府的援助，殖民地成立一个独立自主的国家。经过简短的讨论，大会决定任命托马斯·杰弗逊、约翰·阿丹姆斯、本杰明·富兰克林、罗杰·谢尔曼和罗伯特·李文斯顿5人组成一个委员会，负责起草一份宣言，宣布与英国决裂。虽然其他几人都比杰弗逊年长，但大家都一致推举他为执笔人。

从6月11日到28日，在两个多星期的时间里，33岁的杰弗逊把自己关在屋子里，奋笔疾书。他绞尽脑汁，反复修改，仔细推敲，以求尽善尽美。在杰弗逊写《独立宣言》期间，他的母亲和一个孩子刚刚去世，妻子又卧病在床。杰弗逊强忍着内心的巨大痛苦，以坚强的毅力，完成了这一庄严、艰巨而又伟大的任务。7月4日，经过大陆会议短暂讨论和修改后，13块殖民地的56名代表在《独立宣言》上郑重签字，正式批准通过。

7月8日，在宾夕法尼亚州大会堂的院子里，大陆会议向群众宣读了《独立宣言》。群众纷纷将帽子、鲜花抛到空中，大声欢呼。广场上礼炮齐鸣，军队列队游行。教堂的钟声响了一整天，一直持续到深夜。

《独立宣言》第一部分深受启蒙运动中法国哲学家卢梭的“社会契约论”和英国哲学家洛克的“天赋人权说”的影响，阐述了人生而平等，造物主赋予人们固有的、不可转让的权力，包括生存权、自由权和追求幸福的权力。主权在民，人民根据契约组成国家。第二部分谴责了英国在殖民地的残暴统治和肆意掠夺，已经成为迫害人民的政府，阐述了殖民地人民要求独立的原因。它痛斥英王乔治三世的种种罪行：“他拒绝批准对公共福利有用和必要的法律，屡次解散州议会；派遣大批官员和军队控制殖民地的人民，搜刮民脂民膏；任意向殖民地人民征税；掠夺殖民地的船舶，骚扰沿海地区，焚毁城镇和乡村，杀害人民。”第三部分，《独立宣言》向全世界庄严宣布：“我们以善良的殖民地人民的名义，向全世界郑重宣布，我们这些联合起来的殖民地从此成为独立自主的美利坚合众国。从今以后，取消一切向英国王室效忠的义务，断绝一切和大不列颠的政治关系。我们是自由独立的国家，拥有宣战、结盟、缔约、通商以及一切独立国家所拥有的权力。”

《独立宣言》的发表，对号召北美人民同英国殖民者进行斗争以获取独立起到了巨大作用，为独立战争提供了理论基础，充分表明了殖民地人民建立自己的独立国家的决心，是殖民地人民走向成熟的里程碑。《独立宣言》是资产阶级思想史上的重要文献，被马克思称为“世界上第一个人权宣言”。

华盛顿

在讲究礼节这方面，美国首任总统华盛顿是出了名的。少年时，他为了使自己显得温文尔雅，编写过非常周密详尽的《待人接物行为准则》。成年后，他对自己的形象更是严格要求。他的丝线长袜和带银扣的鞋子是从英国进口的，无论在什么情况下他总忘不了修饰头发。在总统任期内，他拒绝在办公室和别人握手，觉得这种亲热礼节有失总统的尊严。因此，他总是以点头来代替握手。

华盛顿1732年出生于弗吉尼亚，父亲早年去世，后由哥哥劳伦斯抚养长大。大约七八岁时，他的哥哥劳伦斯从英国学成归来，兄弟俩虽然年龄相差14岁，但感情相当融洽。学识过人、风度翩翩、富于男子气概的哥哥成为华盛顿心目中的偶像。后来哥哥整备行装，奔赴西印度群岛战场，他开始从哥哥的信中和其他来源了解到一些战斗故事，从那时起，华盛顿的一切游戏都带有了军事色彩，同学们成了士兵，自己则成了总司令。

华盛顿没有上过大学，但他勤奋上进，自学成才。16岁时，华盛顿在哥哥的帮助下成为土地测量员。1752年，劳伦斯去世，华盛顿继承了哥哥的遗产，成为大种植园主。同年，他担任了弗吉尼亚民兵少校副官长，开始了军旅生涯。1758年，他当选为弗吉尼亚议员，翌年与富孀马撒·丹特里奇结婚，获得大批奴隶和

华盛顿率军渡过特拉华河

大片土地。

1773年，发生著名的波士顿倾茶事件，英国和北美大陆之间的矛盾冲突明了化。华盛顿果断地意识到，除了完全独立，北美大陆别无出路。1774年9月5日，在费城召开了第一届大陆会议。华盛顿作为弗吉尼亚议会的代表，身着戎装出席了会议，在他的大力促成下，大会通过了不惜以武装抵抗作为最后手段的决议。当时的北美大陆没有海军，也没有像样的陆军，却要面对号称“日不落帝国”的世界霸主英国，做出这样的决定是需要相当的勇气的。

乔治·华盛顿塑像

1775年4月18日，莱克星顿响起了枪声，美国独立战争开始。同年5月10日，第二届大陆会议在费城举行，大会决定成立由华盛顿任总司令的大陆军。

尽管大陆军在初期取得了一些胜利，但与英国军队相比，敌强我弱的形势显而易见。在保卫纽约的战役中，大陆军差点全军覆没。1776年冬天，大陆军陷入了异常艰难的局面。在危急时刻，华盛顿孤注一掷，率兵偷袭了特伦敦镇的普鲁士雇佣军，以2死3伤的代价歼敌千余，大振军威。1777年的秋天，在经历了众多的艰难困苦之后，萨拉托加战役打响。在哈得逊河西岸高地，英国名将伯戈因的8000余人部队受到了大陆军的两翼夹击，被迫投降。这次大捷促成了1778年2月的美法结盟，美国开始逐渐掌握了战争主动权。1781年10月9日，美国独立战争以美国的胜利而告终。

战争结束后，华盛顿拒绝了奖赏，回到了自己的庄园。但初生的美国离不开他，1787年，华盛顿再入政坛，主持召开了制宪会议，制定了沿用至今的美国宪法。1789年，华盛顿当选为美国第一任总统。在就任美国总统期间，他认为自己可以与世界上的任何一位国王相媲美，但又始终把自己看作是美国人民的“最恭顺的公仆”。

1796年9月17日，即将离任的华盛顿发表了著名的《告别辞》。《告别辞》呼吁全国要保持团结，珍视联邦，反对以一个党派的意志来代替国家意志，指出美国的外交政策应是“避免与国外世界的任何一部分永久结盟”。《告别辞》是华盛顿政治经验的总结，标志着“孤立主义”的开端，对美国以后历届政府的外交政策产生了深远影响。

在两届任期（1789 ~ 1797年）结束后，华盛顿坚决拒绝了再次连任。1799年，华盛顿因患喉头炎去世，享年67岁。他在神志清醒的最后时刻，说了这样一句话：“我是在艰苦奋斗之后了此一生的。”

攻占巴士底狱

在巴黎东南的圣安东街，有一座高大的城堡，它就是巴士底狱。巴士底狱建于1382年，起初是为了抵抗英国人而建的堡垒，后来由于巴黎的扩大逐渐成为巴黎市区的建筑，改为王家监狱。这座阴森恐怖的城堡有高高的石墙，城墙上有8座塔楼，每个塔楼的顶端都安放着一尊大炮，虎视眈眈地对着整个巴黎。巴士底狱四周有一条宽25米的壕沟环绕，只有通过吊桥才能进入。几百年来，法国的官吏和密探，可以不经任何法律就逮捕反对国王、反对贵族、反对专制主义的人，把他们投入巴士底狱。在法国人民眼里，巴士底狱就是封建专制的象征。

表现巴黎人民攻占巴士底狱的图画

18世纪的法国，国民分为三个等级，第一等级是教士，第二等级是贵族，第三等级是资产阶级、城市平民、工人和农民。第一、第二等级的人数只占全国人口的1%，但他们有权有势，占有全国1/3的土地，却不用缴税。他们还利用他们手中的权力，提高税收，设置关卡，千方百计地剥削人民，引起了广大人民的不满。

1789年5月，法国国王路易十六为了榨取更多的钱供他挥霍，召开了三级会议。第三等级的代表识破了他的诡计，趁机提出要求限制国王的权力，把三级会议变成国家的最高权力机关，这理所当然遭到了路易十六的拒绝。于是第三等级的代表宣布退出三级会议，成立国民大会，后来又改为制宪会议。听到这个消息后，路易十六暴跳如雷，秘密调集军队进入巴黎，准备逮捕第三等级的代表。

巴黎人民得知这一消息后，群情激愤，怒不可遏。1789 年 7 月 13 日，巴黎人民手拿大刀、长矛、火枪，举行了声势浩大的起义。起义军迅速占领了巴黎的军火库，夺取了好几万只火枪和几门大炮。惊惶失措的路易十六急忙派军队前去镇压，但被起义军打得大败。仅一天的时间，起义军就控制了全城，只剩下市东南的巴士底狱了。

7 月 14 日，巴黎群众高呼："到巴士底狱去！"起义军从四面八方赶来，包围了巴黎最后一座封建堡垒。巴士底狱守备司令德·洛纳被潮水一样涌来的起义军吓破了胆，急忙命令士兵绞起铁索，升起吊桥。为了减少伤亡，起义军派了几个代表，举着白旗，去同巴士底狱守备司令德·洛纳谈判，希望他投降。但丧心病狂德德·洛纳竟然命令巴士底狱的士兵向代表们开枪。巴黎人民被彻底激怒了，立即向巴士底狱发起了猛攻。巴士底狱的士兵从城墙上向起义军开火，并用塔楼上的大炮轰击。起义军冒着守军的炮火前进，他们抬着云梯，越过壕沟，奋不顾身地攻城。但由于守军的火力太猛，起义军损失惨重，被迫撤退。起义军从四周的街垒向巴士底狱射击，但由于距离太远，对守军构不成威胁。

"我们也要有大炮！"大家齐声说。很快，起义军找到了几门旧大炮，上面生满了铁锈。一个叫肖莱的酒商自告奋勇来当炮手。"轰轰轰"，一排排的炮弹带着起义军的怒火打在城墙上，人民发出阵阵欢呼。但旧大炮的威力太小了，只打掉了一些石屑，在厚厚的城墙面前，实在是微不足道。巴士底狱的守军大声嘲笑起义军。

有几个勇敢的人拿着铁锹、铁镐、火把和炸药，冒死冲到巴士底狱的城墙下，想在墙上挖个洞，然后用炸药炸塌城墙。但他们还没来得及行动，就被城墙上的士兵打死了。

“我们需要真正的大炮和炮手！”大家又分头去找，过了一会儿，找来了一门威力巨大的大炮。炮手们调整好角度，把炮弹放到大炮里，点燃火绳，“轰”的一声，大炮发出一声怒吼，威力巨大的炮弹重重地撞在城墙上，发出震耳欲聋的爆炸，城墙一下子就掉了一大块。人们发出阵阵欢呼。“轰轰轰！”炮手们一刻也不停，继续发炮。“咣当”一声，一颗炮弹把铁索打断了，吊桥掉了下来。“冲啊！”起义军的发起冲锋，踏着吊桥冲进了巴士底狱，城内的士兵见大势已去，纷纷投降，而德·洛纳被愤怒的起义军活活打死。

占领巴士底狱的消息传到全国后，各地的法国人民纷纷起义，夺取政权。后来 7 月 14 日被定为法国国庆日。

路易十六被推上断头台

1791 年 6 月 20 日夜，一辆马车悄悄地从巴黎出发，乘着夜色向北疾驶，第二天早晨，马车来到了北方边境小镇发棱。

“请出示你的护照！”边境驿长德鲁埃拦住了马车。

“我们是俄国人！这是我和我妻子的护照。”车上一个戴眼镜的胖子一边说一边把护照递了出去。发棱镇的居民从来没有见过这么豪华的马车，纷纷上前围观。德鲁埃仔细地看了看护照，没错，是俄国大使馆签发的。但这个戴眼镜的胖子和车上的贵妇人有些眼熟，他们是谁呢？突然，德鲁埃想起来了，他们是国王路易十六和王后！

“你们是国王路易十六和王后！”德鲁埃对那个胖子大声喊道。

戴眼镜的胖子正是法国国王路易十六。见有人认出了自己，他慌忙驾着马车，夺路而逃。“站住！快拦住他们！”德鲁埃大声喊。他急忙跳上一匹马，追了上去。小镇的人们也发出阵阵怒吼，纷纷追赶马车。

“停车！停车！否则我就开枪了！”赶上马车后，德鲁埃拔出手枪，指着驾车的路易十六说。

路易十六

实在没办法，路易十六只好停了下来。过了不一会儿，赶上来的群众将马车围得水泄不通，路易十六和王后吓得躲在马车里不敢出来。最后，在当地国民卫队的押送下，路易十六和王后只好灰溜溜地返回了巴黎。一路上，群众的骂声不绝于耳。

路易十六为什么要出逃呢？路易十六是个昏庸无能的国王，他不理朝政，只喜欢打猎和修锁。每次在国务会议上，他都打瞌睡。在巴黎，供他打猎用的马就有1800匹，各地的备用马有1200匹。他还经常把一些锁匠召进宫，交流修锁的经验，法国人民戏称他为："我们的锁匠国王。"他的王后玛丽是奥地利皇帝的妹妹，是个挥霍无度，奢侈成性的人，弄得国库一贫如洗，法国人称她为"亏空夫人""赤字王后"。有一年，法国闹饥荒，很多老百姓都没有面包吃。大臣向她报告情况，她竟然吃惊地说："没有面包吃？那为什么不吃点心？"令大臣哭笑不得。

法国大革命爆发后，面对汹涌澎湃的革命形式，路易十六吓破了胆子。他出于无奈，只好发表声明，表示拥护革命，并给欧洲各国发了通告。奥地利和普鲁士害怕本国人民也像法国人一样，推翻自己的统治，决定联合起来，镇压法国大革命。奥地利和普鲁士号召欧洲的君主联合出兵，进攻巴黎。

路易十六当然不是真心拥护革命，他做梦都想恢复自己的统治。私下里他给欧洲各国的君主写信，秘密派人出国，告诉欧洲各国的君主，不要相信他的公开声明，因为那是在革命人民的压力下说的。他请求欧洲各国出兵干涉，甚至不惜割让领土作为代价。法国王后玛丽给她的哥哥奥地利皇帝写信说："武力已经摧毁了一切，现在只有武力才能恢复一切。"

当欧洲各国的君主正在商量出兵干涉的时候，路易十六和王后实在等不及了，就决定出逃到外国，然后再率领保王军和外国干涉军打回巴黎。不料事情败露，于是出现了本文开头的那一幕。

普奥干涉军很快就来到法国边境，法国人民立即组织军队抵

1793年1月21日，路易十六作为“民族的叛徒”“人类自由的敌人”而被送上断头台。

抗。路易十六和玛丽得知后欣喜若狂，他们秘密派人将法军的作战计划和军事机密送给了敌人，并设法拖延军需品和军火的生产，策动法军的高级军官投敌。法军节节败退，外国干涉军一直打到巴黎附近。

渐渐地，巴黎人民发现，失败都是路易十六和王后搞的鬼！愤怒的巴黎人民发动起义，将国王和王后关押起来，紧接着又处决了大批的反革命分子。没有了这两个叛徒的捣乱，巩固了国内局势。法国人民纷纷组织义勇军，奔赴前线，同外国干涉军浴血奋战，终于在瓦尔密大获全胜，挽救了法国，挽救了革命。

1792年9月22日，法国成立了共和国，废除了君主制。在如何处置路易十六上，最高权力机关国民大会发生了严重分歧。激进的雅各宾派说路易十六是叛徒、暴君和卖国贼，坚决要求处死国王，保守的吉伦特派则坚决反对。就在两派争执不下的时候，人们在王宫发现了一个秘密保险柜，里面全是国王通敌叛国和镇压革命的计划。这一下，吉伦特派哑口无言了。

1793年1月21日，在滂沱大雨中，路易十六被押上了断头台。当刽子手砍掉暴君的头时，围观的群众发出阵阵欢呼。不久，王后玛丽也被处死。

热月政变

1789 年 7 月 14 日巴黎人民起义，推翻了国王路易十六的统治，代表大资产阶级利益的君主立宪派上台执政。他们制定了宪法，保留了国王。路易十六通敌叛国后，巴黎人民再次发动起义，推翻了君主立宪派，代表工商业资产阶级的吉伦特派的上台执政（因为这一派中大多数人来自吉伦特省）。吉伦特派上台后，宣布废除君主制，成立共和国，史称法兰西第一共和国。不久，路易十六被处死。

吉伦特派上执政后，开始奉行对外侵略扩张的政策。法军占领了比利时，并挺进意大利和德意志。但法国国内物价飞涨，人民怨声载道，可吉伦特派为了维护本阶级的利益，却拒绝采取强硬手段来解决日益严重的危机，商人们囤积居奇，不肯出售粮食和日用品，企图获取高额利润。人民生活困苦不堪，全国到处都是抢粮事件，社会动荡不安。

处死路易十六后，普鲁士、奥地利、西班牙和英国组成“反法联盟”向法国大举进攻。由于失去了人民的支持，法军节节败退。国内的形势也很严峻，保王党四处闹事，全国大约有 2/3 的郡发生了叛乱，尤其是南方的万第省尤为严重。吉伦特派束手无策，为了自己的利益，竟然向以前的革命盟友雅各宾派举起了屠刀。他们借口保卫国民公会，防止“破坏秩序者”，从外省调来了 1 万国民警卫队，让他们在巴黎游行，反对雅各宾派。但没有多久，警卫队看清了吉伦特派的真面目，转而支持雅各宾派。

吉伦特派的倒行逆施激起了人民的强烈不满，英勇的巴黎人民发动第三次起义，推翻了吉伦特派的统治，推举雅各宾派上台。

雅各宾派上台后，国内外形势非常严峻。国内的保王党在很多地区发动叛乱，并宣布在押的路易十六的儿子查理为法国国王，称路易十七。战局继续恶化，普鲁士、奥地利、西班牙和英国等国从西、北、南三面进攻法国。吉伦特派不甘心失败，派一个女特务刺杀了雅各宾派的首领之一——马拉。

在危急关头，雅各宾派的首领罗伯斯庇尔迅速采取了一系列的措施，比如宣布将逃亡贵族的土地分成小块，出售给农民，以取得他们的支持；废除一切封建特权；严厉打击囤积居奇的商人；发布全民动员令，积极抵抗外敌。为了镇压猖獗的反革命活动，雅各宾派颁布了《惩治嫌疑犯法令》，同时规定了40种生活必需品的最高价格，以打击囤积居奇。这就是法国大革命史上赫赫有名的“恐怖统治”。

恐怖统治是在历史特定条件下的一种特殊手段。实行恐怖统治后，群众踊跃参军，积极参加镇压国内的叛徒和抵御外国军队。很快，国内保王党的叛乱和吉伦特派的反革命活动被镇压下去了，外国军队也被赶跑了。一大批奸商被处决，物价很快稳定下来。

国内外局势稳定下来之后，雅各宾派却陷入了内斗之中，分成了左中右三派。左派的首领艾贝尔主张进一步实行极端恐怖政策，攻击罗伯斯庇尔的政策不够彻底，并想发动政变，结果被罗伯斯庇尔送上了断头台。右派首领丹东为革命做出过巨大贡献，他主张“爱惜人民的鲜血”，停止恐怖政策，结果被罗伯斯庇尔以通敌叛国罪也送上了断头台。反对派虽然被镇压了，但罗伯斯庇尔更加势单力薄了。雅各宾派的左右两派的残余势力和吉伦特派联合起来，准备推翻罗伯斯庇尔。由于恐怖政策经常滥杀无辜，遭到了人民的反对，罗伯斯庇尔也渐渐失去了人民的支持。

巴黎“无套裤汉”

这一名称来自于百姓们不穿只有贵族才穿的短裤，而他们却是大革命的主力军。

1794 年法兰西共和国历热月的一天，国民大会又一次召开了会议。在会议上，很多代表纷纷走上演讲台，发表演讲，批评雅各宾派的恐怖政策。他们一个比一个激动，最后大喊“打倒暴君罗伯斯庇尔”“逮捕罗伯斯庇尔”。雅各宾派的代表非常愤怒，他们纷纷要求发言，但都被议长拒绝，最后罗伯斯庇尔要求发言，结果也被拒绝。

罗伯斯庇尔被宪兵投进了监狱，巴黎人民很快把他救了出来。这时罗伯斯庇尔在是否发动起义的问题上犹豫不决，群众大失所望，纷纷回家。很快罗伯斯庇尔再次被捕，并被送上了断头台。历史上把这次政变叫作“热月政变”。

拿破仑

拿破仑在一次与敌军作战时，遭遇顽强的抵抗，队伍损失惨重，形势十分危险。拿破仑也因一时不慎掉入泥潭，被弄得满身泥巴，狼狈不堪。

可此时的拿破仑却很乐观，内心只有一个信念，那就是无论如何也要打赢这场战斗。只听他大吼一声："冲啊！"他手下的士兵看到他那副滑稽模样，忍不住都哈哈大笑起来，但同时也被拿破仑的乐观自信所鼓舞。一时间，战士们群情激昂，奋勇争先，终于取得了战斗的最后胜利。

这是广泛流传的拿破仑的故事。在这个故事中我们不难看到拿破仑永不言败的精神，或许正是这种精神鼓舞着拿破仑创造了一个非比寻常的精彩人生。

在卡罗的8个子女中，老二拿破仑总是显得与众不同。他并不是一个讨人喜欢的孩子，身材矮小、体格瘦弱、外表非常笨拙，一开口就显得有些蠢。但他的权威令孩子们折服，连哥哥也对他俯首帖耳。1779年，拿破仑进入布伦纳军校学习，这是一所贵族学校，由于拿破仑来自乡下，所以他经常受到同学们的鄙视和嘲笑。但是拿破仑学习成绩很好，尤其是历史课，他对法国的历史事件、历史人物、历史发展了如指掌，这也成了他以后引以为豪的资本。

在布伦纳军校的一年冬天，雪下得很大。百无聊赖之际，拿破仑想出了一个新花样。他带领大家在大院子的雪地里扫出通道，

拿破仑·波拿巴

建立碉堡，挖掘壕沟，垒起胸墙。当工程完成后，他指挥大家进行模拟攻防军事游戏。战斗持续了15天之久，而拿破仑就此成了学校里的英雄人物。

15岁那年，拿破仑进入巴黎陆军学校学习，学习时间虽然只有两年，但他却深深受到了法国启蒙思想的影响。从巴黎陆军学校毕业后，拿破仑当上了一名炮兵少尉，1791年晋升为中尉，次年又被提升为上尉。当时正值法国大革命期间，所谓时势造英雄，拿破仑抓住了机遇，迅速脱颖而出。1793年，法国保王党人在英国和西班牙的大力支持下，占领了法国南部重镇土伦，共和军久攻不克。拿破仑奉命参加土伦战役，任炮兵指挥，并晋级为上校。依靠拿破仑指挥的炮兵部队，共和军终于攻占了土伦。此役使拿破仑声名大振，不久他被破格提升为准将。1795年，他的炮兵部队在巴黎再建奇功，以5000人之力击溃了2万多名叛乱分子，这之后，拿破仑被任命为法国“内防军”副司令。后来，他又被派往意大利和埃及战场作战。此时的拿破仑已非昔日可比，他以不断的军事胜利证明了自己的实力。1799年，拿破仑从战场上悄然返回法国，发动了“雾月政变”，从此处在法国权力的顶峰，终于在1804年加冕称帝，即拿破仑一世，法国进入了法兰西第一帝国时期。

拿破仑执政时期，通过内政外交方面的努力，使法国迅速走向强盛。他着力打击教会势力，镇压反叛势力，采取各种积极政策推动经济发展，并主持制定了《民法典》，又称《拿破仑法典》。《拿破仑法典》将法国大革命的成果以宪法形式确定下来，对法国及其他资本主义国家的立法产生了深远影响。在对外战争上，拿破仑领导的军队几乎击败了所有的欧洲大国，推动了法国大革命的思想在欧洲的传播。

但是侵略俄国的惨败使法国元气大伤，并给其他敌对国家造成了可乘之机。1814 年的莱比锡战役是拿破仑军事史的一个转折点——他第一次败给了反法联盟。之后，反法联军占领巴黎，拿破仑被流放到意大利海边的厄尔巴岛。1815 年，拿破仑成功逃出流放地，返回法国，受到了热烈欢迎并迅速恢复了权力。但此时的法国已经雄风不再，经历了滑铁卢战役的惨败后，拿破仑永远

拿破仑加冕仪式

退出了历史舞台。他被流放到大西洋中的圣赫勒拿岛，于1821年去世，终年51岁。

兵败莫斯科

19世纪初，拿破仑几乎征服欧洲各国，但英国始终不与法国议和。拿破仑为毁掉英国人的贸易体系，实行高压政策，使欧洲各国断绝与英国的经济交往，对英实行经济封锁。面临经济破产的英国认识到只有引诱俄国脱离欧洲大陆组织，英国才会有生机，否则英国只有屈服。在英国的说服下，沙皇接受了英国的货物。拿破仑对俄国的行为极为不满，为报复沙俄，拿破仑兼并了由沙俄支持的赛尔登公国，开始对俄加强封锁。这使沙皇大怒，俄法关系迅速恶化。俄方要求法军撤到赛得河以西，遭到拿破仑的拒绝。拿破仑意识到战争不可避免，遂组织兵力东征俄罗斯。

1812年6月24日，拿破仑调集大军68万人，火炮1400门，渡过尼门河，开始了对俄国的入侵。拿破仑计划在维尔纽斯及其以东地区歼灭俄军主力。面对咄咄逼人的强大法军，俄军采取主动撤退策略，法军紧紧追赶，但每次都落空。

俄军后退的同时，沿途实行坚壁清野，以阻滞法军前进。随着法军的快速深入，前后方出现脱节，补给发生困难。拿破仑命令部队停止前进，进行休整。这时，俄两路大军在斯摩棱斯克会合，组织防御工事。获得供给的拿破仑迅速向该地进军。8月16日，双方在斯摩棱斯克展开激战。俄军在法军猛烈的攻势下，顽强地抵挡三天后，终于招架不住，弃城继续后退。

俄军只退不打，俄国内部舆论哗然，怨声载道。8月29日，沙皇任命库图佐夫为总司令对抗法军。深知撤退是正确决策的库图佐夫迫于舆论和沙皇的压力，决定与法军展开一场会战。他把阵地选择在莫斯科以西124千米的博罗迪诺村附近。库尔干纳亚高地高踞周围地形之上，视野开阔，前方宽8千米，右翼为莫斯科河，左翼为难以通行的森林，后方是森林和灌木林，可隐藏预备军。在阵地上，俄军构筑了多面堡和钝角堡等完备的防御工事。库图佐夫企图以积极的防御手段达到最大限度地杀伤法军之目的。

9月7日，拿破仑率领13万大军开始进攻，在这种对己不利的地形上交战，拿破仑失去了军队的机动性，从两翼迂回包围阵地也是不可能的。如果从南纵深迂回，只能分散削弱兵力，可能导致被各个击破。拿破仑只好采取正面突击，他选择比较狭窄的地段，采取突破俄军防线直插敌后方的策略，实施强攻。

会战开始，双方都以炮兵对射发起进攻。在炮兵的掩护下，凶猛的法军使俄军退过科洛恰河，法军遂紧追过去，遭到猛烈火力的反攻，又被迫退回。凌晨6时，法军向钝角堡猛攻，虽说人数及火力都占优势，但法军仍被击退。7时许，法军又开始新一轮进攻，攻占了左边的一个钝角堡，俄军又以勇猛的反击夺回，双方这时都加强了兵力。法军对左右两个钝角堡发动第3次攻击，俄军也不甘示弱，抵抗极为顽强，堡垒几易其手。这也显示出库图佐夫排兵布阵的艺术：他把俄军战斗队形纵深配置，纵深达3～4千米，使步兵、骑兵和炮兵之间配合默契，保障了积极防御的坚固性，使法军几次易得手后又被迫放弃。双方进退反复，短兵相接，展开肉搏战。

法军撤离俄罗斯

为彻底突破俄军防线，拿破仑调集兵力实行猛攻。库图佐夫在此危急时刻，果断决定调强大的预备军袭击法军左翼。战斗持续到 18 时，俄军仍坚守阵地，法军也没取得决定性胜利，但双方都付出惨重代价。法军伤亡 2.8 万人，俄军则为 4.5 万人。拿破仑遂退回出发阵地。

战后，库图佐夫将俄军撤回内地，坚壁清野积聚力量。9 月 14 日，拿破仑进占已成废墟的莫斯科。10 月 18 日，俄军大举反攻，法军节节败退。到 12 月，法军损失 50 多万人，拿破仑的侵俄战争以惨败而告结束。

拿破仑在俄国的失败使法国损失惨重，成为欧洲再次爆发反拿破仑战争的导火索，也成了拿破仑军队覆灭的标志。

滑铁卢之役

1812 年 9 月 7 日，拿破仑东征俄国，在博罗迪诺会战中损失惨重，元气大伤。兵败莫斯科成为欧洲重掀反对拿破仑的战争导火线。1813 年前，法国达到鼎盛时期，在欧洲居于征服者的地位，但反叛的种子也洒遍了整个欧洲。

这幅画表现了 1815 年 6 月 18 日进行的滑铁卢战役中晚 8 时许的紧张情景。

与此同时，俄国沙皇也想彻底歼灭拿破仑，于是 1813 年 2 月，俄国与普鲁士结盟，英国、西班牙、葡萄牙、瑞典和奥地利也相继加入，范围更广的第六次反法联盟结成。面对这样巨大的变局，拿破仑迅速组建新军，做好对反法同盟的作战准备。

1813 年 5 月中旬，拿破仑准备妥当，仍采取主动出击，先发制人的策略，开始向德累斯顿和莱比锡进军。途中，在加卡和包岑分别与俄普联军相遇，经过激战，联军败退。虽然法军取胜，但损失很大，惨重的伤亡使善于进攻的拿破仑被迫改变策略。此后，他分兵坚守德累斯顿到易北河一线的各要塞。8 月 26 日，联军开始进攻德累斯顿，人数多于法军一倍的联军从两面围攻。拿破仑亲自指挥，坚固的防御工事和积极的反攻，使联军遭到惨败，联军围攻两天未果后撤退。联军的波希米亚军团绕过德累斯顿，西里西亚军团西渡易北河分别从南北两面夹击莱比锡。

10 月 16 日，联军兵分几路发起进攻，莱比锡战役开始。双方炮火相互对射达 5 小时之久，联军的各个军团开始步步为营，向莱比锡压缩。第 1 军团的右翼纵队攻占了制高点科尔姆山，左翼纵队经过激战拿下了马克莱只格城，而孔讷维茨和莱斯尼希两渡口的争夺也异常激烈。法骑兵在炮兵的配合下，一度将联军队形打乱，步兵随即反攻。联军也不示弱，调集部队迎击，配置于步兵之间的炮兵奋勇击敌，下午5时法军被打退。双方损失惨重，伤亡均在2万人左右。18日，联军从东南北三面向法军猛攻，法军被迫放弃阵地，从联军较薄弱的地方逃出战场。

1814年，联军攻进法国本土，并约定不单独与法议和。3月20日，联军对巴黎形成包围之势，4月11日，拿破仑被迫与联军签订《枫丹白露条约》，并宣告退位，被软禁到厄尔巴岛，波旁王朝重新统治法国。

联军在利益分配上矛盾重重。1815年1月，英、奥、法等国密约向实力大增的俄国宣战。这消息很快传到拿破仑耳中，他秘密回国。法国人民不满意波旁王朝的统治，在旧部的支持下，拿破仑又顺利地登上帝位。

这使整个欧洲震惊，3月25日，因利益分配不均而争吵的联军又站在了一起，宣布成立第七次反法同盟，由英国的威灵顿公爵任统帅，迅速集大军64.5万人，分头向法国进攻。拿破仑到5月底也召集了28.4万的正规陆军和22.2万人的补助兵力。

拿破仑意识到如果联军几大军团会合一处，后果就不堪设想。他根据比利时的联军战线分布过长的情况，决定采取主动进攻、集中优势兵力各个击破。6月12日，拿破仑进至比利时，对驻守在利尼附近的英普联军实施突然袭击，普军大败。17日，拿破仑错误地让军队休息了一天，并决定18日同英军元帅威灵顿指挥的英荷联军在滑铁卢（今布鲁塞尔以南20千米）展开大决战。而威灵顿指挥的英军早已修了坚固的工事，等待拿破仑。

1814年4月20日，拿破仑被流放前与近卫队告别。在右侧冷眼观看的是来自各战胜国的使节。根据与联军签订的协议，皇帝将被放逐到地中海中的厄尔巴岛。有太多忠诚的帝国卫士自愿去厄尔巴岛陪伴他们的领袖，以致定额人员不得不从400人增加到1000人。

6月18日，拿破仑指挥军队进攻，滑铁卢战役打响。拿破仑拥有270门大炮，但前一天晚上的大雨，使地面泥泞不堪，笨重的大炮只有一小部分进入阵地。11时，法炮兵首先发炮，接着双方对射，对峙到下午1时，拿破仑派兵佯攻英军右翼，以牵制其主要兵力，使中央薄弱后加以主攻。但佯攻效果并不明显，拿破仑只好从中央发起总攻。双方僵持不下时，被击散的普军重新集结，出现在法军身后，拿破仑急命两军团堵截。威灵顿精神大振，英军的士气猛涨。战至下午6时许，法军已疲惫不堪。8时许，威灵顿下令反攻，在联军的夹击下，法军支持不住，全面溃败，拿破仑趁乱逃出战场。此战法军伤亡严重，损失3万余人。6月21日，拿破仑败退巴黎。7月7日，联军攻进巴黎，拿破仑被迫再次宣布退位，并被流放到南大西洋的圣赫勒拿岛，5年后病逝。

这场战争标志着拿破仑时代的结束，它动摇了欧洲封建制度政体，为欧洲各国的资本主义发展奠定了基础。

“神圣同盟”

1815年7月，拿破仑在滑铁卢战役失败后宣布退位，被囚禁到大西洋的圣赫勒拿岛，“百日王朝”灭亡。路易十六的弟弟路易十八在外国军队的保护下，返回巴黎，登上国王的宝座，波旁王朝复辟。

为了清除法国大革命对欧洲各国的影响，在奥地利首相兼外交大臣梅特涅的建议下，欧洲各国在奥地利首都召开了一次会议，史称“维也纳会议”。

当时欧洲所有参加对法国作战的国家都派代表参加了会议，除了奥地利、普鲁士、俄罗斯和英国外，西班牙、葡萄牙、瑞典等国也派代表参加，共有200多人。维也纳会议的东道主是奥地利皇帝弗兰西斯一世，会议由梅特涅主持。这200多人当然地位是不平等的，会议主要由梅特涅、俄国沙皇亚历山大一世、英国外交大臣卡斯尔瑞和普鲁士首相哈登堡操纵。另外法国外交大臣塔列朗也发挥了重要作用，他公开声称：“我什么也不要，可我给你们带来了最重要的原则——正统原则！”正统原则被各大国接受，成了维也纳会议的指导原则。后来他也挤进了核心会议，维也纳会议由四国操纵变成了五国操纵。

维也纳会议其实就是一个分赃会议。四大国在打败拿破仑后，开始瓜分拿破仑帝国的领土，并着手恢复被法国大革命破坏的旧的欧洲封建秩序，使很多被拿破仑推翻的封建王朝复辟。此外，

神圣同盟实际决策者之一——梅特涅

防止法国东山再起也是这次会议的目的之一。

在维也纳会议上，梅特涅纵横捭阖，多方周旋，出尽了风头，扩大了奥地利的影响，被人们称为“蝴蝶大使”。会议厅原来有3个门，为了笼络其他大国，梅特涅又叫人开了两个门，让五国首脑每人都能风风光光地进入会场。在大会上，五国代表为了自己的利益互不相让，争得面红耳赤。每当这时，梅特涅就站起来打圆场，让各国代表们去参加豪华的舞会、宴会和去郊外打猎，梅特涅趁机派特工去他们的住处翻阅他们的信件和文件。各国代表也不是傻瓜，他们玩归玩，但在谈判桌上一点也不退让。结果维也纳会议竟然开了8个月，被当时的欧洲人戏称为“老太婆会议”。

维也纳会议后，为了贯彻落实会议达成的各项协议，维护欧洲各封建王朝的反动秩序，早就想当欧洲宪兵的俄国沙皇亚历山大一世又提议建立“神圣同盟”。所谓“神圣同盟”，就是在所谓神圣的宗教的崇高真理和正义的、基督教博爱与和平的箴言指导下，欧洲各国建立的一个同盟，在国内发生革命、暴动时，各国互相支援。亚历山大一世亲自起草了神圣同盟的有关文件和草案，并派人到欧洲各国广泛宣传。其实早在1804年和1812年，亚历山大一世就提出要在基督教的名义下把欧洲各国联合起来。打败拿破仑的百日王朝后，在巴黎又一次提了出来。一开始，各国的国王和大臣都不拿神圣同盟当回事，认为这只是一些空洞的漂亮话而已。英国外交大臣卡斯尔瑞对此不屑一顾，讽刺亚历山大一世是在妄想和胡言乱语。奥地利首相梅特涅也认为亚历山大一世不过是在唱高调，根本不具有可操作性。

但是后来，欧洲各国的君主和政治要人意识到亚历山大一世是多么的“伟大”，“神圣同盟”的建议是多么的“伟大”！神圣同盟可以维护他们的统治秩序，保障他们的利益，如果几个强大的国家联合起来，什么革命、什么暴动，都不用怕了，就算出10个拿破仑都不在话下。于是1815年9月，俄罗斯、奥地利和普鲁士三国在巴黎成立了“神圣同盟”，后来欧洲各国也相继加入，“神圣同盟”其实成了“所有的欧洲君主在沙皇的领导下压迫本国人民的一个大阴谋”。1815年，英国、俄罗斯、奥地利和普鲁士又签订了四国同盟条约，这其实是神圣同盟的一个补充。不久，法国又申请加入，四国同盟变成了五国同盟。梅特涅成了这两个组织的核心人物，他自任“扑灭革命之火的消防队长”，咒骂革命人民是“一条吞噬社会秩序的九头蛇”。他在德意志境内巡视时，像个高傲的皇帝。梅特涅狂妄地叫嚣:“一切革命的乌合之众都将匍匐在我的脚下。”但30多年后，一场遍及欧洲的大革命就彻底摧毁了欧洲的封建旧秩序。

亚当·斯密著《国富论》

他并不英俊，有一个突出的不合标准的唇，一个大鼻子和一双突出的眼睛，所以，可以毫不客气地把他描述为一个“突出体的混合物”。另外，他终生为一种神经的折磨所困扰，他的头震颤，还有语言障碍。但这些都没有妨碍他的智慧的发挥，他的朋友和学生都非常喜欢他，他与众多的名人结成了朋友，从俄国和欧洲大陆旅行回来的学生都愿意听他的课。他喜欢独自沉思，并经常闹笑话。一次在做礼拜时，他在思考一个有趣的问题，突然哈哈大笑起来，弄得大家摸不着头脑。还有一次，他心不在焉地把一片面包放入开水中，然再倒了一杯牛奶，喝过之后却说，他从来没有尝过调制得这么差的茶。他就是政治经济学现代体系的真正创始人亚当·斯密。

亚当·斯密出生于1723年，自小聪颖好学，在14岁时考入了格拉斯哥大学。据说，在4岁的时候，他被一个卖艺的女艺人拐走，但多亏被母亲从森林中及时追回，才没有使我们失去一个伟大的经济学家。斯密在大学中攻读数学和自然哲学，因为成绩优良，在1740年被学校免费保送到牛津大学。他在牛津大学期间结识了英国当时著名的哲学家、历史学家和经济学家大卫·休谟，并与休谟建立了深厚的友谊。1746年，斯密毕业，但因为没有找到工作，就回到了家乡。

1748年，他被聘为爱丁堡大学的修辞学和文学史讲师。1751年，任格拉斯哥大学教授，讲授逻辑学和道德哲学。斯密在格拉斯哥大学任教长达14年，就是在这一时期，他的经济思想开始发展起来。1759 年，他的《道德情操论》出版，该书试图证明道德裁判的原因，或者说证明人们的某些行为在道德上被允许或不允许的原因。斯密把人设想为一个利己的动物，然而他们似乎又能并非基于自私自利的考虑来评判道德。该书及其所论述的问题，引起了人们极大的兴趣，也使斯密名噪一时。1764 年，斯密辞去了格拉斯哥大学的教授职务，改任一位青年贵族贝克莱公爵的私人教师，他陪同贝克莱公爵旅行欧洲，结识了许多著名的学者，如法国启蒙学派的著名思想家伏尔泰、重农学派的领袖人物魁奈等，在这一时期，斯密的代表作《国富论》的思想体系逐渐形成。

1767 年，斯密返回故乡，闭门钻研，终于在 1776 年出版了《国富论》，该书以利己主义为出发点，研究经济增长的源泉和动力问题，并系统地阐述了经济自由的思想。也正是在这本书里，斯密论述了他著名的“看不见的手”思想。这本著作共分为 5 篇，

英国资产阶级开疆拓土，图霸海上，完成了资本的原始积累。

第一篇强调分工的发展是国民财富增长的重要途径，以及分工后产生的工资、利润、地租问题；第二篇论述资本的性质、构成、积累及使用。前两篇构成了斯密经济学原理的基本部分，斯密在后三篇考察了促进国民财富增长的间接途径，他从历史的角度出发，分别论述了不同的经济政策、经济学说和财政制度对增进国民财富的关系。《国富论》出版后，引起了极大的轰动，斯密还在世时就再版了5次，并迅速传遍了欧洲大陆。

1778年，斯密被任命为苏格兰海关税务司司长，1787年，又被任命为母校格拉斯哥大学的校长。他一生未娶，于1790年病逝，享年67岁。

第一个黑人共和国海地

海地是加勒比海上的一个小岛，这里原来生活着20万印第安人，后来西班牙殖民者来到这里后，把印第安人全部杀光了。他们从非洲运来了大量的黑人奴隶，强迫他们在种植园和矿山劳动。西班牙人残酷地剥削和压迫黑奴，每天强迫他们工作20多个小时，还任意侮辱、鞭打黑奴，甚至割掉他们的耳朵、手脚，把他们投入火中活活烧死，数不清的黑奴累死在矿山和种植园里。后来法国人来了，赶走了西班牙人，但黑人的地位丝毫没有改变。黑人终于无法忍受了，1791年，海地全岛爆发了奴隶大起义。仅仅几天时间，起义的黑奴就烧毁了1000多个种植园，冲进殖民官员和种植园主的家，杀死了2000多名法国殖民者。剩下的殖民者仓皇逃出了海地。在这场大起义中，杜桑逐渐成了起义军的首领。

这四幅画记录了欧洲殖民者在美洲的暴行。

杜桑是黑奴的后代，从小吃尽了苦头，后来成了种植园主的马车夫。他非常聪敏，自学了法语，读了许多伏尔泰、卢梭、孟德斯鸠的宣传自由平等的书籍。参加起义后，杜桑凭借着自己的学识和出色的组织、指挥才能逐渐成为起义军的首领。黑人亲切地叫他“卢维杜尔”，意思是指路的人。杜桑指挥起义军打败了法国派来的6000多人的军队。后来西班牙人和英国人又相继来到海地，杜桑又率领起义军和他们作战。杜桑先是集中兵力打败了北部的西班牙人，将他们赶出海地。然后以北部为根据地，经过3年准备，杜桑率领大军南下，猛攻英国人，将他们打得大败，解放了整个海地岛。

长期做奴隶的黑人，终于可以扬眉吐气做自己的主人了。1801年6月，他们召开大会，制定了第一部黑人宪法，废除了奴隶制度，推举杜桑为海地总统。

消息传到巴黎后，拿破仑大吃一惊，急忙派自己的妹夫黎克勒率领3万法军前去镇压。法军一登陆，就将海边的一个村庄中的黑人全部杀死，连老人小孩都不放过。法军的暴行激起了海地人的无比愤怒，杜桑召开了动员大会，在大会上，杜桑说：“我们已经获得了自由，现在法国人又派军队来了，他们要重新让我们变成奴隶！法国人无权抢走我们的自由！我们要让他们饿死、渴死、累死，让海地变成法国人的坟墓！”“打倒法国佬！”“自由万岁！”战士们和群众高呼。

海地人把他们的粮食都转移到山里去，带不走的就一把火烧掉，决不留给法国人。他们还在井里投毒，将房屋付之一炬，什么也不给法国人留下。法国人登陆后，进入了一座座的空城，找不到一粒粮食，找不到一间可以休息的房屋，找不到一口可以喝的水井，简直是寸步难行。这还不算，每到晚上，海地人就从山上下来，袭击法国人的营地，不时向法国人放冷枪，弄得法国人心惊胆战，根本无法休息。

阴险毒辣的黎克勒写信给杜桑，告诉他如果不投降，就把他的两个在法国留学的儿子杀死。杜桑看了信以后非常难过，但他坚定地说：“我决不投降！我决不能为了自己的儿子而牺牲海地！”杜桑率领军队围攻法军，把法军打得大败。

黎克勒又给杜桑写了一封信，信里写道：“为了和平，我们谈判吧。我可以绝对保证你的安全，你将不可能发现比我更诚实的了。”杜桑心想，法国人连吃败仗，现在肯定是真心请求和平，于是就一个人来到法军营地谈判。他哪里知道，这是黎克勒的一个阴谋。看到杜桑一个人来了，黎克勒立即下令将他逮捕，并押回法国。在船上，杜桑愤怒地指着法国的红白蓝三色旗说：“你们宣扬的自由、平等、博爱在哪里？你们的国旗只不过是强盗的遮羞布而已！它沾满了我们海地人的鲜血！只要我们海地人手里还有一支枪，我们就一定会战斗到底！”

到了法国以后，杜桑受尽了折磨，半年以后死在了监狱里。

杜桑的死讯传到海地后，激起了海地人民的强烈愤怒，他们英勇作战，四处袭击法军。法军死伤惨重，连黎克勒也患黄热病死了。1803 年，海地人攻占了太子港，法国人宣布投降，撤出了海地。

1804 年元旦，海地正式宣布独立，世界上第一个黑人共和国成立了。

“多洛雷斯呼声”

16 世纪中叶，西班牙凭借海上优势使拉美的广大地区成为其殖民地，并通过政府、宗教和军事力量，对拉美人民进行残酷剥削和掠夺，给当地人民带来巨大的灾难。随着欧洲经济的发展，殖民地经济也有一定起色，并出现了资本主义经济关系，启蒙思想得到了传播。而殖民地和宗主国之间的矛盾日益加剧，人民的反抗情绪与日俱增。伴随着西班牙在欧洲地位的败落，拉美人民的起义高潮迭起。

玻利维亚士兵像

1810 年 9 月 16 日，47 岁的教士伊达尔戈在墨西哥北部偏远的多洛雷斯村，率领几千名印第安人，高呼：“独立万岁！美洲万岁！打倒坏政府！”等口号，举起义旗。“多洛雷斯呼声”从此传遍拉美的东南西北，北起墨西哥、南到阿根廷等广大地域的人民掀起独立战争的高潮。

1811 年 4 月，委内瑞拉宣告独立，成立第一共和国，但在 7 月 29 日被西班牙军队击败。失败的起义军在玻利瓦尔的领导下，转入新格拉纳达继续战斗。在人民的支持下，起义军再次攻进委内瑞拉，一举赶走殖民势力，第二共和国诞生。但势力较弱的起义者并没有保卫住自己的成果，1813 年 9 月，第二共和国再次失败。

拉美的反抗使西班牙当局极为惊慌。国王斐迪南七世派莫里略率 1.6 万人增援美洲地区。起义陷入了最艰苦的时期，各地起义军纷纷遭到打击，从海上袭击敌人的起义军也遭到重创，起义军被迫展开游击战，他们从失败和挫折中总结经验，吸取教训。1816 年 12 月，玻利瓦尔率领新组织的力量又一次对委内瑞拉发动进攻，所到之处横扫殖民军队，委内瑞拉第三共和国宣告成立。1819 年 2 月，玻利瓦尔被选为总统。

委内瑞拉的胜利，鼓舞了起义军的士气，玻利瓦尔乘胜翻越安第斯山，远征新格拉纳达，在波耶加一举击败殖民军，直扑波哥大。1819 年 12 月，宣告哥伦比亚共和国独立。不甘心失败的西班牙殖民者调集军队，对起义军展开反扑，但是，屡战屡胜的起义军势不可挡。

1821 年 6 月，西班牙殖民军进入起义军在卡拉沃沃平原的阵地，双方经过猛烈的炮轰和激烈的拼杀，殖民军受到了重创，起义军占领了加拉加斯。次年 5 月，起义军开始做解放基多城的准备，双方在皮钦查展开了大会战，凭借顽强的勇气和视死的斗志，起义军取得了决定性的胜利，6 月，整个新格拉纳达地区全部解放。

北部起义军的节节胜利，鼓舞着南部起义军的士气。1818 年

4 月 5 日，在领袖圣马丁的指挥下，起义军攻进智利首都圣地亚哥，赶跑殖民军，智利独立。殖民者退到秘鲁，1820 年 8 月，圣马丁经海上北上秘鲁，顺利攻占秘鲁总督区首府利马，从而使秘鲁获得独立，圣马丁被共和国授予“护国公”的称号。

“多洛雷斯呼声”传遍拉美南北，但墨西哥的局势却相对平静，各地起义军以游击战为主。1820 年，教会势力代表、掌握着军权的伊图尔维德率军暴动，配合起义军反抗殖民军。次年就攻下了墨西哥城，至此墨西哥也宣告独立。

1822 年 7 月，南北双方的起义领袖圣马丁和玻利瓦尔在瓜亚基尔会面，双方对协同作战和战后安排未能形成一致意见，圣马丁随后隐退。玻利瓦尔于 1823 年 9 月进入尚未完全解放的秘鲁，次年 8 月在胡宁平原痛击殖民军。12 月，仍做垂死挣扎的殖民者集结 9000 余人准备与起义军决战，仅有 5000 余人的起义军在苏克雷的指挥下，在阿亚库巧和殖民军相遇。苏克雷巧施妙计，歼灭殖民军 5000 余人，殖民总督、众多将军和军官都未逃过此劫。1825 年，秘鲁全境解放，1826 年 1 月，起义军趁势攻克殖民地最后一个据点卡亚俄，拉美地区基本全部解放。

拉美独立战争结束了西班牙在拉美 300 年的殖民统治。各民族获得独立，确立共和制，使奴隶制和封建专制受到严重打击。这场战争是世界历史上一次影响深远、意义重要的民族解放战争。

“解放者”玻利瓦尔

西蒙·玻利瓦尔于 1783 年出生在西班牙殖民地委内瑞拉加斯

市的一个西班牙血统的贵族家庭。1799年，他去西班牙首都马德里留学。在留学期间，他阅读了大量的启蒙运动的思想家约翰·洛克、卢梭、伏尔泰和孟德斯鸠等人的著作，这对他的思想有很大的影响。

西蒙·玻利瓦尔既是一位思想家又是一位实践家，这是极为罕见的，他的杰出不仅表现在为西班牙属美洲殖民地获得独立而做出的贡献上，还表现在为独立的讲西班牙语地区的合作事业而付出的努力上。

一天，他穿着华丽的南美洲贵族的衣服骑着马在街上闲逛。“小子，下来！”突然一个街头的警察对他大声吼道。“为什么？”玻利瓦尔非常困惑。在家乡，他是贵族，非常受人尊敬。可在西班牙，一个普普通通的小警察竟然对他这么无礼。“这是西班牙，不是南美洲殖民地，你少在这里耀武扬威！下来！”警察一下子就把玻利瓦尔从马上拽了下来。这件事让玻利瓦尔深受刺激，他深深地感觉到殖民地的人民在西班牙人的眼中是多么的没有尊严，像一个普通的西班牙小警察都可以随随便便地侮辱他这样一个贵族，那更不要提普通的殖民地人民了。从那时起，玻利瓦尔就立志一定要推翻西班牙的殖民统治。在罗马的圣山萨克罗山的山顶，他大声发誓：“为了上帝，为了我的祖国，为了我的尊严，我发誓，只要西班牙政权的殖民枷锁还套在我们身上，我就要不停地战斗。”1807年，他返回南美洲，途中经过美国，亲眼看到独立自由的美国人民的幸福生活，更坚定了他推翻西班牙殖民者的决心。

回到委内瑞拉后，他散尽家财，结交有识之士，开始进行反对西班牙殖民者的斗争。1810 ~ 1812年，委内瑞拉第一共和国成立，玻利瓦尔成为领导人之一。但在西班牙人的进攻下，第一共和国很快失败。玻利瓦尔重新组织力量，继续斗争。1813 年，他率领起义军打败了殖民军，解放了加拉加斯等地区，建立了委内瑞拉第二共和国，被授予了“解放者”的称号。但不久，第二共和国又失败了，玻利瓦尔不得不流亡到海地。

海地是拉丁美洲第一个独立的殖民地国家，因此海地人民积极支持玻利瓦尔的独立事业，给他提供了大量的援助。海地总统送给玻利瓦尔 7 艘大船和大量的武器弹药，助其再次返回南美大陆。这次，玻利瓦尔吸取了以前失败的教训，他没有去同装备精良的西班牙人打硬仗，而是转战于西班牙人统治薄弱的农村地区去发展力量。玻利瓦尔宣布没收西班牙王室和反动派的财产和土地，把大量的土地分给参加起义的战士们，并宣布解放黑奴，取消印第安人的人头税并保证分给他们土地。这使他得到了人民的广泛支持，他的队伍里有白人、黑人和印第安人，但大家都团结一致，为推翻西班牙人的统治而奋斗。

为了出其不意地打击西班牙人，玻利瓦尔决定翻越安第斯山，去进攻秘鲁的西班牙人。起义军穿越了茂密的原始森林，在齐腰深的水里前进了七天七夜。张着血盆大口的鳄鱼、会放电的电鳗、成群结队的食人鱼经常袭扰他们，但起义军斗志昂扬，毫不退缩。安第斯山高耸入云，山下是烈日炎炎，山上是风雪交加，还不时传来阵阵美洲虎的吼叫，令人毛骨悚然。起义军毫不畏惧，小心翼翼地沿着山上的羊肠小道前进。到了高处，由于高原缺氧，很多在平原上长大的战士感到头晕目眩，站立不稳，在战友们的惊呼声中栽下悬崖。一些有经验的战士催促甚至打骂那些休息的战友，因为他们知道，在高原缺氧的地方躺下休息会让很多人在不知不觉中死去。这时又下起了大雪，战士们裹着毛毯仍然冻得瑟瑟发抖，但没有一个人打退堂鼓，手拉着手一步步前进。起义军经历了千辛万苦，终于翻越了安第斯山，战士们高声欢呼，他们像下山的猛虎一样，高呼着“独立万岁！”“自由万岁！”“消灭西班牙殖民者！”向西班牙人发起了猛烈的进攻。西班牙人根本毫无防备，纷纷扔下武器，狼狈逃窜。玻利瓦尔乘胜进军，一举攻克了波哥大，解放了哥伦比亚地区。接着，玻利瓦尔又率领大军横扫委内瑞拉，西班牙军望风而逃，不堪一击。起义军浩浩荡荡地开进首都加拉加斯，解放了全国。

1819 年，包括哥伦比亚、委内瑞拉和厄瓜多尔在内的“大哥伦比亚共和国”成立，玻利瓦尔被选为总统。1826 年，南美洲彻底解放。

工业革命时期

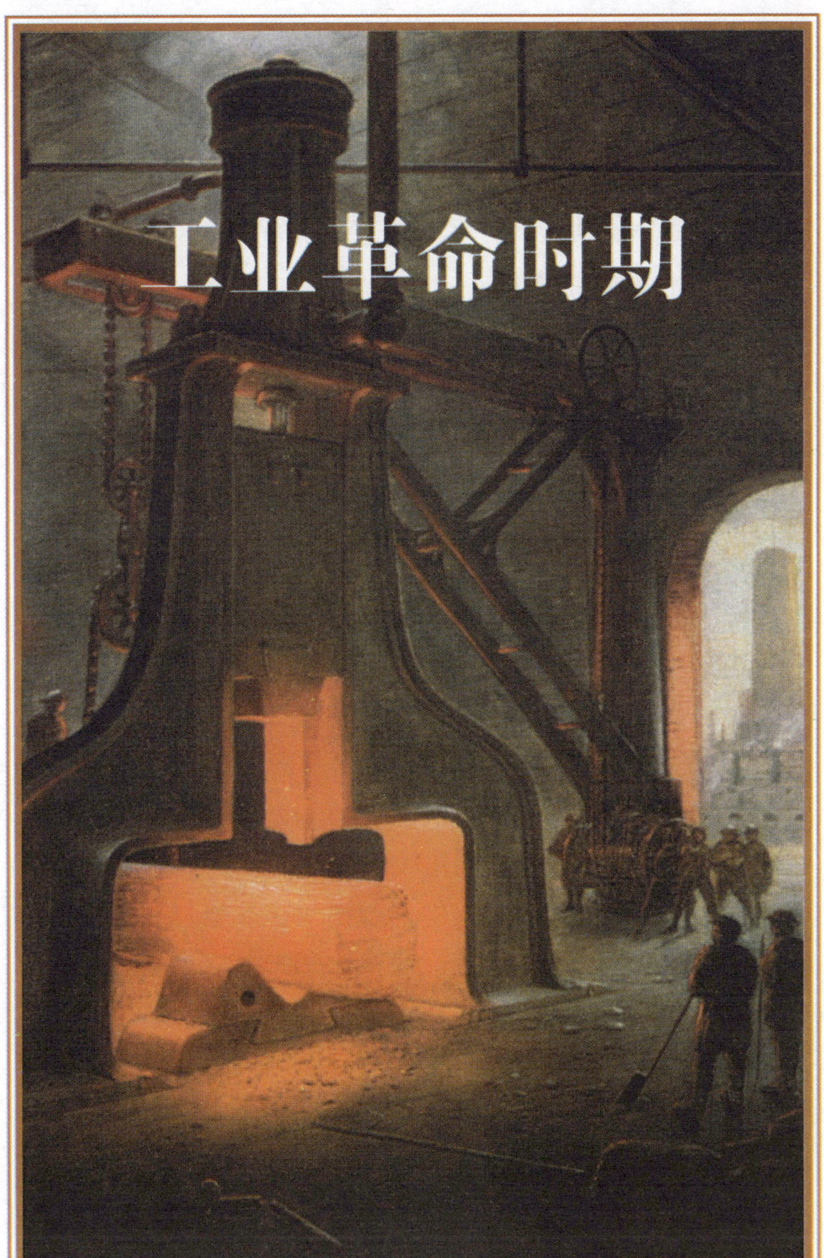

瓦特改良蒸汽机

提起蒸汽机，人人都想到瓦特，但这并不等于在瓦特之前就没有使用蒸汽的机械。其实，蒸汽机的出现也经历了一个产生、发展和逐步完善的过程。

传说，古埃及早在公元前2世纪便出现了利用蒸汽驱动球体的机械装置，只是年代太过久远，具体情况已无从考证。又有记载说公元1世纪，古希腊发明家希罗曾用蒸汽做动力开动玩具，大画家达·芬奇也用画笔描绘过用蒸汽开动大炮的情景。

较为确切地使用蒸汽作动力还应是从近代开始。1698年，英国工程师萨弗里发明了使用蒸汽驱动的抽水机。1712年，英国的纽科门发明了效率更高的蒸汽机，可以用活塞把水和冷凝蒸

·特列维迪克·

特列维迪克是一个机械师，他对机械发明很有兴趣。瓦特发明蒸汽机后，他就开始设想用蒸汽机为动力来推动马车行进，投身到这个发明之中。很快，他就试制出一辆蒸汽机车。但是这辆车的性能很差，不具备实用价值。当他第二次试制的时候，本来试验很成功，机车的性能提高了不少，但是当他把机车弄到仓库的时候忘了关开关，结果机车蒸汽机里的水被烧干后引起了一场大火，机车被烧坏了。后来特列维迪克又试制了几辆蒸汽机车，但性能都不如第二次的好，很快，他钱花光了，只好停止了试验，把实验资料和机车卖给了别人，黯然退出了火车发明者的行列。

蒸汽机的改良者瓦特

汽隔开。事实上，瓦特发明蒸汽机就是从改进纽科门蒸汽机开始的。

纽科门蒸汽机在生产领域的广泛使用，激起了人们的关注，这其中当然也包括詹姆士·瓦特。机会只赋予有准备的人，而瓦特就是这样一个有准备的人。

詹姆士·瓦特，1736 年 1 月 19 日出生于苏格兰的格拉斯哥市附近的机械师家庭。他从小就迷恋机械制造。由于家道中落，瓦特中学刚毕业便去伦敦学习制造机械的手艺。他天资聪颖又勤奋刻苦，用 1 年时间学会了别人用 4 年才能学会的技艺。然后瓦特在家乡的格拉斯哥大学谋了一份仪器修理师的差事。

瓦特借修理教学仪器的机会结识了许多科学家，如布莱克教授和罗比逊等人，经常与他们一起探讨仪器、机械方面的问题。1764 年的一天，格拉斯哥大学的一台纽科门蒸汽机模型送到瓦特这里要求修理。瓦特不但修好机器，还对机械的构造和工作原理产生极大的兴趣。他找到了布莱克教授，与之共同研究减少纽科门蒸汽机耗煤量，提高其效率的方案。后来瓦特发现纽科门蒸汽机的汽缸和冷凝器没有分开，造成了热能的极大浪费，找到了症结之后，瓦特便开始了改造纽科门蒸汽机的试验。

他筹措了一些资金，租了一间实验室，开始试制具有冷热两

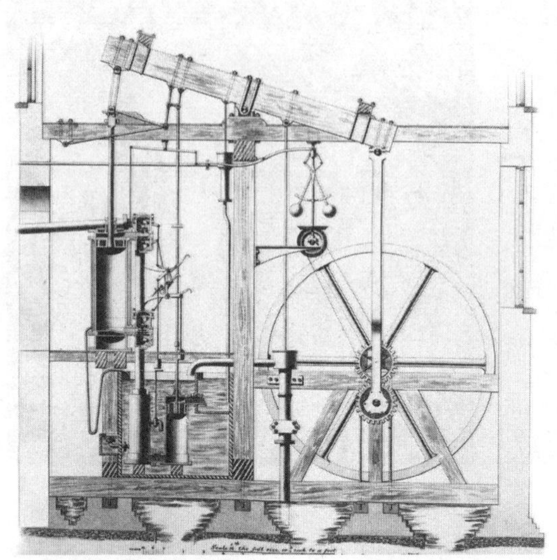

瓦特式蒸汽机的核心部件是分离冷凝器（图中中间偏左的那个小圆筒汽缸），图中也展示了“太阳与行星齿轮”联动装置（位于最大的飞轮的中心），这一装置将振荡杆的上下运动转换为圆周运动，从而为其他机器提供动力输出。

个容器的蒸汽机。他想，这样一来负责做功的汽缸始终是热的，而蒸汽冷凝的过程在另一个容器中完成，如此便可避免同一汽缸反复冷热交替，节约了热能。经过多次实验，多次失败，瓦特最终完成了一台具有实用价值的单作用式蒸汽机，并申请了专利保护。

为了在更大范围内推广自己的新发明，瓦特用自己设计的蒸汽机与纽科门蒸汽机当众比赛抽水。结果用同样多的煤，瓦特蒸汽机抽水量是纽科门蒸汽机的 5 倍。人们看到了瓦特蒸汽机的优势，纷纷以它替代了纽科门蒸汽机。

瓦特没有就此罢手，而是吸收了德国科学家利用进排气阀使汽缸往复运动的原理，用飞轮和曲拐把活塞的往复运动变成圆周运动，可惜该技术已被皮卡德抢先申请了专利权。但他另谋出路，用行星齿轮结构把往复运动变成了圆周运动，终于 1781 年 10 月获得了双作用式蒸汽机的专利权。

瓦特再接再厉，1784 年用飞轮解决了转动的稳定性问题，获得了蒸汽机方面的第三个专利，两年以后他又着手进行了蒸汽机配气结构，从而获得第四个专利。瓦特不间断地努力，还发明了压力表保证了机器运行的安全。最终于1794年彻底完成了双作用式蒸汽机的改造，因为这一年皮卡德专利期满，瓦特将行星齿轮结构改装为曲柄连杆结构，使蒸汽机达到比较完善的地步。

瓦特为了保护自己专利的收益权，多次与人对簿公堂。1781年，洪布劳尔发明了“双筒蒸汽机”，瓦特认为其中引用了自己的专利，就向法院提出控告，结果阻止了这一发明的推广。特列维迪克发明了“高压蒸汽机”，瓦特也坚决反对，要求国会宣布其危险和非法。他的助手试验用蒸汽机来驱动客车，也得不到他的支持，直到晚年，瓦特都对蒸汽机车抱着敌视态度。

尽管如此，蒸汽机的发明，使工业革命迅速展开，并波及美、德、法等国。瓦特为人类进步事业做出了不可磨灭的贡献，国际单位制中以“瓦特”作为功率单位就是为了纪念这位发明家。

火车和轮船的发明

瓦特改良蒸汽机后，很多人想：“要是把蒸汽机用到交通工具上，大大提高速度，那该多好啊。”

1789年，一个叫富尔顿的美国年轻人抵达英国，登门拜访了瓦特，向他说了自己想把蒸汽机用到船上的想法。

1803年的一天，天气晴朗，万里无云，富尔顿决定在法国巴黎的塞纳河上进行试航。富尔顿的蒸汽轮船是一艘长约21米、宽约2.5米的大船，与别的船不同的是，它的上面装着一台8马力的蒸汽机。

刚开始，这艘大船在塞纳河上吐气冒烟，摇摇晃晃地走着，但过不长时间就不动了。在两岸围观的人大声嘲笑富尔顿，称这艘轮船为“富尔顿的蠢物”。第一次试航就在人们的哄笑声中结束了。

但富尔顿并没有因为一次失败而泄气。为了继续研究，他四处求援，甚至找到了拿破仑。结果拿破仑认为他是个骗子，把他轰了出去。最后富尔顿得到了美国政府和企业家的援助。有了资金的富尔顿，把自己的全部精力都投入到了研究之中。他在每一次失败之后，总是告诉自己：“一旦蒸汽动力船研制成功，将是世界船舶史上最伟大的发明之一。我一定能行！”

1807 年，在美国纽约的哈得逊河上，富尔顿再次试航。这次的蒸汽轮船被命名为“克莱蒙特”号。这艘蒸汽轮船长 45 米、宽 4 米，没有橹、帆和桅杆，只有一根大烟囱，船体两侧各有一个大水车式的轮子。两岸围观的人们还依旧把它称为“富尔顿的蠢物”。

在两岸观众的目光下，“克莱蒙特”号冒着滚滚浓烟，以每小时 9 千米的速度飞快地离开了码头。观众看到“富尔顿的蠢物”以超过一般帆船的速度前进时，发出一片欢呼声。在船尾亲自操作的富尔顿看到这情景，激动地流下了热泪。

但不到一会儿，“克莱蒙特”号又不动了，满头大汗的富尔顿和助手们急急忙忙拿着工具，很快就修好了。“克莱蒙特”号的机器发出巨大的轰鸣声，这时岸上一位贵妇人惊叫起来：“天哪，那蠢物又动了！”排除了小故障的“克莱蒙特”号又开始破浪前进。

在当时，从纽约到哈得逊河上游的小城阿尔巴巴，全程航行一共240千米。普通的帆船，即使是顺风，也要两天两夜，但“克莱蒙特号”无论是否顺风，只需要32小时。后来，富尔顿被人们称为“轮船之父”。

蒸汽轮船的成功航行，大大激发了人们的发明创造热情。蒸汽机可以用到船上，提高水上运输工具的速度，如果也能用到陆地的交通工具上，提高速度，那该多好啊！于是很多人开始研究如何将蒸汽机用在陆地工具上。

1781年，乔治·斯蒂芬森出生在英国一个贫穷矿工家庭。14岁的时候，斯蒂芬森当上了一名见习司炉工。他很喜欢这个工作，经常认真地擦洗机器，清洁零部件。经过多次拆装，他逐渐掌握了机器的结构和制图等方面的知识。忙碌了一天后，他还去上夜校，提高自己的文化水平。后来，斯蒂芬森也投入了蒸汽机车的研究中。

1814年，斯蒂芬森制造出了在铁路上行驶的蒸汽机车。但这辆蒸汽机车构造简单、震动厉害、速度缓慢，有人驾着一辆马车

火箭式发动机

斯蒂芬森著名的火箭式发动机是一个圆筒，在它的驱动下，轮子基本上能够与地平线保持一致，这一发明是如此实用，以至于夺得了1829年首届火车速度试验赛冠军。

和火车赛跑，讥笑斯蒂芬森："你的火车怎么还没马车跑得快呀？"附近的农民责怪他的火车声响又尖又大，把附近的牛都吓跑了，跟他吵架，找他算账。

面对这些困难，斯蒂芬森没有灰心，他进行了一系列改进，减小了机车发出的声音，增大了锅炉的火力，提高了机轮的运转速度。1825年9月，他又进行试车表演了。又有一个人骑着一匹快马，要和斯蒂芬森比赛，他以为蒸汽机车根本比不上他的骏马。但蒸汽机车拖着30多节车厢，载着400多位乘客，以每小时20多千米的速度飞快前进，很快就把马车甩到了后面。由于蒸汽机车在刚发明的时候是用煤做燃料，经常从烟囱中冒出火星，所以人们就把蒸汽机车叫火车，这个名称一直沿用到今天。

工业革命

工业革命是指欧洲资本主义的机器大工业代替个体手工业工场的革命，也称产业革命或第一次科技革命。它既是生产技术的革命，又是社会生产关系的重大变革，开始于18世纪60～80年代，结束于19世纪末。

工业革命首先发生在英国。当时的英国推翻了封建专制，建立了资产阶级政权，英国政府制定了一系列的法律来促进资本主义的发展。在国内，英国进行了圈地运动，大量的生产资料聚集在少数资本家手里，消灭了自给自足的小农经济，大批失去土地的农民被迫走进城市和工厂，成为工人，为资本家提供了充足的劳动力。

18世纪中叶，英国战胜了西班牙、荷兰和法国，成为海上霸主，取得了大量的殖民地，为本国的资本主义发展提供了用之不竭的工业原料和广阔的工业品销售市场。英国人还通过贩卖黑人奴隶牟取了暴利，积攒了大量的资金。这一切，为工业革命的发展提供了充足的条件。

由于国内外市场的迅速扩大，对工业品的需求量大大超过了手工工场所能生产的数量，因此资本家们迫切需要生产技术的变革。

首先进行技术变革的是棉纺织业。英国占领印度以后，大量的印度廉价棉布被贩卖到英国。为了生存，英国纺织工场的工场主们就开始想办法，改进生产技术，降低成本。当时英国的织布技术很落后，纺织工人一会儿拿着梭子从左抛到右，一会儿又拿着梭子从右抛到左，一天也织不了几尺布。1733 年，一个叫凯伊的工程师发明了飞梭，用绳子一拉，梭子很快就飞了过去，织布

·日不落的大英帝国·

英国本来只是一个盘踞在英伦三岛上的小国家，但是随着资本主义的发展，再加上地处海岛，本土很少受到外来侵略，所以国力越来越强。1588 年，英国打败了无敌舰队，初步建立了海上霸权。随后英国又打败了荷兰和法国，抢夺了不少殖民地。英国开办的东印度公司通过各种卑鄙手段，最后终于完全控制了印度全境。英国是工业革命的先驱者，所以在工业革命中受益最多，国力也最强大。后来英国在各个大洲都拥有了自己的殖民地，不管在什么时候，太阳光总能照到英国殖民地的土地上，英国人因此骄傲地宣称：在大英帝国的土地上，太阳是永远不会落下来的。

英国工业革命后，动力技术同样应用于纺织业中。

的速度一下子提高了好几倍。

织布的技术提高了，但纺纱还是原来的速度，棉纱一下子供不应求，英国的织布场都出现了“棉纱荒”。英国的“艺术与工业奖励协会”用高额奖金来奖励发明新型纺纱机的人。有个叫哈格里夫的织工，偶然发现他的妻子珍妮失手将手摇纺车打翻在地，可纺车仍然转个不停。哈格里夫大受启发，他想，纺车有这么大的力，为什么不让它带更多的纱锭？于是他设计了一个可以同时带动 8 个纱锭的纺车，纺纱的效率一下子提高了 8 倍。他把这项发明归功于自己的妻子珍妮，所以就给这个纺车起名为“珍妮纺纱机”。后来经过改进，珍妮纺纱机能纺出 80 ~ 130 根纱锭。但珍妮纺纱机是人工操作，很费力气，1769 年，凯伊发明了水力纺纱机。

棉纺织业的技术革命推动了其他行业的发展，其中最重要的是交通运输、钢铁、采矿和机器制造等部门的技术变革。

由于水力纺纱机要建在有水的地方，受到地域和气候的限制，这为瓦特发明蒸汽机创造了条件。瓦特在总结了前人科研成功的基础上改良了蒸汽机，并很快投入使用。1784 年，英国建成了第一个蒸汽机纺纱厂。蒸汽机的发明是科学史上划时代的成就，从此资本主义工业生产开始迅速发展起来。

1839 年，汽锤的发明使重工业革命化。

18 世纪中叶以前，英国炼铁的燃料主要是木炭，这耗费了大量的木材，炼铁业受到很大的限制。1784 年，工程师科特发明了一种以煤为燃料的煤铁炉，使炼铁业的功率提高了 15 倍。1785 年，英国建立了第一座近代化炼铁厂，英国近代钢铁工业建立起来了。炼铁业的发展，促使了采矿业的发展，蒸汽机也广泛用于采矿业。1815 年，维纳发明了安全灯，使地下瓦斯爆炸的危险大大减小，煤的产量大大增加。

工业的发展开始促使运输业发展。1807 年，富尔顿发明了轮船。1840 年，英国第一个轮船航运公司成立。1814 年，斯蒂芬森发明了火车，英国随即出现了修建铁路的狂潮，到了 1850 年，英国已经建成了数千千米的铁路。

工业革命使英国获得了“世界工厂”的称号，成为世界头号强国，加强了它的海上霸主地位。英国凭借强大的实力，加紧殖民扩张，攫取了大量的利益。

后来，工业革命从英国传到了欧洲大陆，19 世纪的时候又传到北美地区，促进了这些地区的生产力的发展，帮助这里的新兴资产阶级打击封建势力，夺取了政权。但同时，西方资本主义国家凭借强大的势力，四处侵略扩张，给亚、非、拉人民带来了深重的灾难。

“俄国文学的太阳”普希金

亚历山大·谢尔盖耶维奇·普希金是俄国伟大诗人、俄罗斯近代文学奠基人，被称为“俄罗斯文学之父”和“俄国文学的太阳”。1799年，普希金出生于莫斯科一个贵族家庭。他的父亲有很多藏书，叔叔是个有名的诗人，所以家里经常有一些俄国文化名流来做客，普希金就在这种浓厚的文化气息里长大。他的保姆经常给他讲俄国的民间故事，小普希金听得非常入迷。优裕的家庭条件给他提供了很好的教育，普希金很小的时候就开始跟家庭老师学习法语，七八岁就学着写诗，并能讲一口流利的法语。平时不上课的时候，普希金就一头扎进家里的藏书室，废寝忘食地阅读父亲的藏书。12岁时，普希金进入圣彼得堡的学校学习。在那里，他从进步教师身上接受了不少自由主义思想，阅读了大量的启蒙运动时期的著作。1812年，拿破仑入侵俄国，卫国战争爆发，俄国人民视死如归的战斗精神深深震撼了普希金。他怀着激动的心情，写了很多爱国诗篇。这时，普希金在校内外已经是一个小有名气的诗人了，很受当时俄国

普希金

著名作家杰尔查文、茹科夫斯基等人的器重。

1817 年，18 岁的普希金从学校毕业，进入了外交部工作。这一时期，普希金的政治生活和文化生活都很活跃，他写了大量歌颂自由的诗篇，并结交了很多十二月党人。普希金还写了很多讽刺沙皇专制的诗篇，很受人们的欢迎，人们争相传阅、抄写和朗诵。不料，这些诗传到皇宫里，大大激怒了沙皇。于是，普希金被调到俄国南部去当差，其实是一种变相流放。

在南方，普希金游览了高耸的高加索山，来到了浩渺的黑海沿岸，接触了大量的劳动人民，亲眼看到了他们受到的苦难，这大大激发了他的创作热情。在此期间，普希金创作了大量的抒情诗和长诗，著名的长诗《茨冈》就是在这里写成的。

1825 年 12 月，十二月党人在圣彼得堡发动起义，企图推翻沙皇的统治，结果不幸失败了，许多人被流放到了西伯利亚。沙皇一面举起屠刀屠杀十二月党人，一面假惺惺地拉拢与十二月党人关系密切的普希金，把他叫到了圣彼得堡。“如果你在圣彼得堡，你会不会和十二月党人一起参加叛乱？”沙皇问普希金。

“是的。陛下，我会的！”普希金坚定地说。

沙皇非常生气，就命令人秘密监视普希金，经常拆看他的信件。

一天，普希金在一个朋友家聚会时遇见了玛利亚，她的丈夫因为参加十二月党人起义被流放到了西伯利亚。玛利亚绝心放弃圣彼得堡的舒适生活，去西伯利亚与爱人共度艰苦的岁月，普希金深受感动。回到家，他写下了著名的诗篇《致西伯利亚的囚徒》：沉重的枷锁会掉下，阴暗的牢笼会打开，自由会在门口欢迎你们，弟兄们会把利剑送到你们手上！普希金把这首诗送给玛利亚，要她带给在西伯利亚的十二月党人，给他们鼓舞和力量。

沙皇看普希金的妻子娜塔莉亚长得非常漂亮，就起了非分之想。他封普希金为宫廷近侍，这样就可以经常让普希金夫妇出席宫廷舞会。为了达到自己不可告人的目的，沙皇怂恿流亡到俄国的法国人丹特士整天去纠缠娜塔莉亚，并让他诽谤普希金。

一天，普希金接到了一封侮辱他的匿名信，这封信还寄给了普希金的好几个朋友。普希金怒不可遏，决定找丹特士决斗。

1837 年 1 月 27 日，在圣彼得堡郊外，普希金和丹特士展开了决斗。一个人在地上画了一条线，两人各离这条线十步远。丹特士首先开枪，射中了普希金的腹部。普希金顿时血流如注，倒在了地上。他咬紧牙关，奋力向丹特士开了一枪，可惜只打中了丹

·十二月党人起义·

1825 年 12 月 1 日，沙皇亚历山大一世突然去世，由于没有留下诏书，针对谁是皇位继承人这个问题引起了一阵混乱。当时一批有正义感的近卫军军官决定利用这个形势发动起义，这批军官虽然是贵族出身，但他们反对万恶的农奴制和封建专制，渴望获得民主和自由。所以他们决定带领俄国奔向自由，于是就发动了起义。由于起义是在 12 月发动的，所以称他们为十二月党人。起义获得了很多老百姓的支持，但刚即位的沙皇尼古拉一世却不慌不忙地调动军队前去镇压，由于起义军领袖特鲁别茨科依临阵脱逃，起义军群龙无首，很快就被驱散，无数十二月党人惨遭杀害。

特士的右手。普希金失血过多，昏迷不醒，朋友们急忙把他送回家。两天后，普希金去世，年仅 38 岁。普希金的遗体从圣彼得堡运往他先前流放时住过米依洛夫斯基村，葬在圣山（今名普希金山）镇教堂墓地，他的母亲的墓旁。

“乐圣”贝多芬

贝多芬的童年很不幸，由于父亲酗酒，他常常从警察手里接过烂醉如泥的父亲，从未享受过家庭的温情。当父亲发现贝多芬有音乐天才时，就企图把他变成摇钱树，强迫幼小的贝多芬练习繁重的琴艺，而且常常在三更半夜醉酒回家后把贝多芬从床上拖起来练琴。8 岁时，贝多芬被父亲拉着沿莱茵河卖艺，11 岁就开始在剧院的乐队里工作。他的母亲在 1787 年去世后，父亲就更加放肆了，几乎每晚都烂醉归来，身为长子的贝多芬，只好挑起了养家的重担，抚养两个弟弟。他受聘为宫廷的古钢琴与风琴乐师，兼做钢琴家庭教师。

贝多芬

1792 年，贝多芬前往维也纳，先后受教于音乐家海顿、作曲家申克、音乐理论大师布列希贝克以及作曲家萨里耶等名师。1795 年，他在维也纳举行了第一次音乐会，弹奏了自己创作的“第二号钢琴协奏曲”，折服了维也纳的贵族和市民。

正当贝多芬充满热情地为自己的理想而拼搏的时候，不幸却降临了。1796 年，贝多芬听力开始下降。到 32 岁的时候，贝多芬已经完全失去了听力。这对于一个音乐家来说简直是致命的打击，贝多芬陷入了极度痛苦中。他消沉过，甚至曾经想结束自己的生命，但多年来在生活中磨炼出的坚毅倔强的性格和对于音乐的热爱，使贝多芬在不幸的命运面前挺了下来。他渐渐振作起来，开始克服种种困难进行艰难创作。

由于听不到声音，他就用牙咬着根小棍，再把木棍支在乐器上，靠木棍的震动状况来感觉声音的大小。不能听到自己创作曲子的好坏，他就一遍遍地在钢琴前弹奏，通过琴键的跳动来感受音乐的曲谱。由于长时间弹钢琴，他的手指都起了水泡。他不知疲倦地进行创作，对自己的作品要求也十分高，一首曲子经常修改很多次，如我们今天听到的他为歌剧《菲德利奥》第二幕作的序曲，竟改写过 18 次；著名的《莱昂诺拉》序曲，也是经过十几次的修改才最后完成的。在贝多芬与病魔进行顽强斗争的过程中，他的音乐创作也最终趋于成熟，他摆脱了以前音乐创作中的许多框框，塑造了自己独特的艺术风格。贝多芬在后半生 30 年的无声世界创作了大量音乐史上不朽的作品，如著名的 9 部交响曲等。

1801 年，他与 17 岁的少女朱丽叶塔·古奇阿蒂相恋，著名的钢琴奏鸣曲《月光》就是他们相恋的作品。但古奇阿蒂在两年后离开了他，嫁给了一位伯爵。1806 年，贝多芬再次恋爱了，对方是丹兰斯，古奇阿蒂的表妹，两人在那一年订了婚，但这场爱情也只维持了4年，丹兰斯也离开了贝多芬。再次遭受失恋打击的贝多芬变得更加不修边幅，行为举止也更加放肆。1809年，拿破仑攻占维也纳，贝多芬的保护人和朋友纷纷逃难，他陷入了孤独与经济拮据的双重困境之中。但他还是完成了《庄严弥撒曲》和《第九交响曲》，尤其是后者演出的成功，为他带来了一生最大的荣耀与欢欣。

《马赛曲》浮雕

《马赛曲》浮雕为法国浪漫主义雕刻家吕德的代表作。在这幅作品中，胜利女神与法国人民融为一体，鼓舞了人民的民主革命斗志。

1827年3月26日，在维也纳的春雷骤雨中，贝多芬辞别了人世，享年57岁，约有2万多的维也纳市民参加了他的葬礼。

贝多芬还是一位民主人士，这一点从《第三交响曲》的由来就可以看出来。1803年，贝多芬完成了《第三交响曲》。这首曲子原本是写给拿破仑的，贝多芬在作品扉页上还写下了“献给拿破仑·波拿巴”几个大字。但是，就在作品完成的这一年，拿破仑做了让贝多芬失望的事情——抛弃共和制，当了皇帝。贝多芬一气之下，就把这首曲子改为了“英雄交响曲——纪念一位伟人！”

《自由引导人民》

1830年7月25日，法国国王查理十世颁布敕令：修改出版法，限制新闻出版自由；解散新选出的议会；修改选举制度。查理十世的意图很明显，就是进一步限制人民的选举权和出版自由。当天下午，反对派主要报刊的编辑和记者在《国民报》编辑部集会，起草抗议书。在抗议书中，反对派明确表示拒绝承认解散议

自由引导人民

这是德拉克洛瓦最著名的代表作，也是他最具浪漫主义色彩的作品，是法国七月革命的直接反映，画中的自由女神成了法国绘画中最迷人的形象，它与巴黎凯旋门、埃菲尔铁塔一样，成为法兰西文化的象征，画家也因此画而成为浪漫主义艺术的领袖人物。

会，并宣布政府已经失去合法性，但他们也表示并不否认王权。

27 日，巴黎市民听到消息后积极响应反对派，纷纷走上街头。28 日黎明，起义正式开始。工人、手工业者、大学生和国民自卫军建筑街垒，夺取武器库，与保皇军队展开了白刃战。资产阶级温和派代表、大银行家拉菲特主张与国王谈判，但查理十世和首相波利尼亚克却拒绝谈判。7 月 29 日，起义者控制了巴黎，占领卢浮宫和杜伊勒里宫，外省发动的起义也取得胜利，起义群众及其领导者要求宣布成立共和国，这在法国历史上被称为“光荣的三天”。

受形势所迫，查理十世不得不收回敕令，命令蒙特马尔公爵组织政府。但为时已晚，局势的发展已经不允许查理十世亡羊补牢。30 日，拉菲特主持召开了 60 人议员大会，推举奥尔良公爵路易 · 菲利浦为摄政官。31 日，路易 · 菲利浦手举三色旗在王宫的阳台上接受了摄政官的称号。8 月 2 日，查理十世提出将王位让与其孙波尔多公爵，遭到了路易 · 菲利浦的拒绝。8 月 7 日，众议院召路易 · 菲利浦即位，建立了金融资产者统治的七月王朝。这就是法国历史上有名的七月革命。

在这次革命中，圣德克区的克拉腊 · 莱辛姑娘一马当先，在街垒上举起了象征法兰西共和制的三色旗；少年阿莱尔为把这面旗帜插上巴黎圣母院旁边的一座桥顶上，倒卧在血泊中。当时法国著名的浪漫主义画家德拉克洛瓦目击了这一悲壮激烈的巷战景象，义愤填膺，决心画一幅画来描绘群众革命的壮举，名画《自由引导人民》就是在这种背景下诞生的。

德拉克洛瓦（1798 ~ 1863 年），素有“浪漫主义狮子”之称。

他出生于巴黎郊外一个富有家庭，1816 年到巴黎学画，其作品《但丁的小船》使他成为浪漫主义运动的中心人物。他的作品常以奔放的情感表达出对自由的热爱和对革命的向往。他的浪漫主义的表现方式为 19 世纪绘画的现实主义运动和印象主义开拓了道路。

《自由引导人民》展示的硝烟弥漫的巷战场面，是德拉克洛瓦在自己上百幅“七月革命”街垒战草图的基础上定稿的。这里除了参战的市民、工人以及那个象征阿莱尔的少年英雄之外，画家在正中还设想了一个象征自由的女神形象，她头戴法国大革命时期的红色弗里吉亚帽，左手握枪，右手高擎飘扬着的三色旗，正转身号召民众向君主专制王朝冲去。她是全画的中心，观众注目的焦点，也是这幅三角形构图的制高点。女神的左侧，一个少年挥动双枪急奔而来；右侧那个身穿黑上衣戴高筒帽的是大学生，他紧握步枪，眼中闪烁着对自由的渴望（有人认为这就是画家本人）；在他身后有两个高举战刀、怒形于色的工人形象；前景上除了倒毙在瓦砾堆上的近卫军尸首外，还有一个受伤的青年匍匐着想站起来，仰望着女神手中的三色旗；远处是处在晨雾中的巴黎圣母院。如果仔细观察，还可隐约看到北塔楼上飘扬的一面共和国旗帜。整幅画气势磅礴，结构紧凑、连贯，色调丰富炽烈，用笔奔放，有着强烈的感染力。

德拉克洛瓦选择这个造型优美的自由女神形象作为全画的主人公，乃是他的浪漫主义想象力的表现。在创作上，德拉克洛瓦追求的是个性解放。在社会改革上，他向往的是自由、平等。而要反映对被压迫民族的同情，要热烈歌颂人民群众争取自由的斗争，就必须选择具有象征意义的理想形象。采用历史或神话素材正是浪漫主义绘画的特色，因此，他在这里选择“自由女神”被认为是最合适的象征。

英国宪章运动

19 世纪 30 年代，英国完成了工业革命，社会日益分裂成资产阶级和无产阶级两大阶级。富有的资产阶级掌握了国家政权，为了维护自己的利益，其制定了一系列的法律。而广大的无产阶级深受资产阶级的剥削，在政治上毫无权力，在经济上处于贫困状态。工人们每天要工作 16 ~ 18 个小时，资本家还大量雇佣低工资的女工和童工。工人们居住的条件也非常恶劣，他们的房屋狭小、肮脏，居住区里卫生条件很差，伤寒、疟疾、肺病等疾病流

·19世纪中期三大工人运动·

19 世纪三四十年代的时候，由于工业革命的进一步发展，无产阶级的痛苦也进一步加深，爆发了三大工人运动。第一个是法国里昂工人起义，为了反抗七月王朝的反动统治，里昂工人先后于 1831 年 11 月和 1834 年 4 月自发举行起义。第二个运动就是英国的宪章运动，这次运动虽然以和平手段为主，但中间还是夹杂了流血事件。第三个运动是德国西里西亚织工起义，西里西亚是德国的纺织中心，当地工人除了要受资本家剥削之外，还要受封建地主的剥削，进入 19 世纪 40 年代后，工人工资被进一步压低，工人们不堪重负，最终毅然起义，但是由于寡不敌众，起义最终失败。

这幅画表现的是 1842 年人们列队把有 300 多万人签名的宪章请愿书送往国会的情景。

行。一个英国政府官员在视察了格拉斯哥城的工人居住区后说："15 ~ 20 个工人们挤在一间小屋子里，躺在地板上，他们的被子竟然是半腐烂的麦秸秆混着破布条，房屋肮脏、潮湿，马都不能拴到里面。"

为了摆脱悲惨的生活，从 19 世纪 20 年代开始，工人们就不断举行大规模的游行示威。1836 年，英国伦敦一个叫洛维特的木匠，发起成立了"伦敦工人协会"，号召工人们争取选举权，选出能代表自己利益的人去做议员，为工人说话。"伦敦工人协会"提出了 6 点主张：第一，凡是年满 21 岁，身体健康、没有刑事犯罪记录的男子都应该拥有选举权；第二，选举时必须秘密投票；第三，全国各选区应该按照当地的居民人数排定，选区选出的议员名额也应当与人数相适应；第四，国会每年改选一次；第五，取消对候选人的财产资格限制；第六，如果议员当选，应该发薪金。宪章运动从此开始。

1838年，这6项主张以法案的形式公布，被命名为《人民宪章》。《人民宪章》一经公布，就受到了广大工人的热烈欢迎，宪章运动很快从伦敦扩展到全国各地。工人们在各地举行大规模的集会，经常有四五万人参加，有的集会甚至多达10万人。他们高举着火把，发表战斗性的演说，甚至高呼斗争口号："武装起来！"一个工人领袖在演说中说："普选权问题，归根到底是刀子和叉子的问题，是面包和乳酪的问题！"

1839年2月4日，第一届宪章运动代表大会在伦敦召开，定名为宪章派工会会议。会议一致决定在5月5日采取和平请愿的方法，向议会递交请愿书。有的代表提出，如果议会拒绝请愿书，和平请愿失败，那就举行武装暴动。当时在请愿书上签字的人超过了125万，请愿书重达300公斤，工人们把它放在装饰着彩旗的担架上，抬到了议会。7月12日，议会拒绝了请愿书提出的要求。政府随即派出了大量的军警对工人们进行镇压。

和平请愿活动失败后，愤怒的工人们举行了武装暴动。1839年11月，英国南威尔士1000多名矿工，手拿木棍、长矛和短枪等简陋武器，向南约克郡进军。政府立即派出大量军警前去镇压。在达纽波特，军警向工人们疯狂射击，很多工人倒在了血泊中。工人们没有被敌人的残暴吓倒，他们沉着迎战，顽强抵抗。20多分钟后，由于寡不敌众而遭到失败。政府以此为借口逮捕了宪章派领导人欧康纳，宪章派工会被迫解散。

3年后，欧康纳出狱。在他的领导下，拥护《人民宪章》的工人们组成了一个全国宪章派协会，入会者达5万多人。1842年，他们再次向议会递交请愿书。请愿书的内容除了以前的6条内容外，又增加了要求废除教会的“什一税”和“新贫民法”的内容。请愿书有300万人签字（约占当时英国成年男子的一半），再次要求把议会将《人民宪章》定为法律。请愿书指出：“议会既不是由人民选出来的，也不是由人民做主的。它只为少数人的利益服务，而对多数人的贫困、苦难和愿望置之不理”，“英国的统治者穷奢极欲，被统治者饥寒交迫”。当时英国女王每天的收入是164镑17先令60便士，她的丈夫阿尔伯特亲王每天的收入是104镑20先令，而广大普通工人每天每人的收入只有2便士。但这次请愿再次被议会否决。此后，英国各地罢工活动此起彼伏。

最终，宪章运动还是被镇压，但英国政府不得不颁布了一些改善工人劳动状况的法令，在一定程度上缓解了英国社会的阶级矛盾。

席卷欧洲的革命

19世纪40年代中期，随着工业革命的扩展，欧洲大陆的资本主义得到迅速发展，新兴的工业资产阶级力量日益壮大，但在政治上他们仍然处于无权或少权状态，政权被封建落后势力所把持，深受他们的压迫，这些封建势力成了资本主义发展的绊脚石。另一方面，深受外族压迫的东南欧各国都希望推翻外国统治，取得民族独立。

1845年，欧洲大陆普遍发生了马铃薯病虫害（当时马铃薯是欧洲人的主要口粮），各国相继出现了农业歉收，许多地方出现饥荒。1847年，欧洲又发生了经济危机，很多工厂倒闭，大量的工人失业。广大人民群众的生活状况日趋恶化，社会动荡不安，欧洲大陆的阶级矛盾和民族矛盾迅速激化。

当时的意大利半岛分为许多封建小国，它们都直接或间接地受制于奥地利，这种分裂状态和外族统治严重阻碍了意大利资本主义的发展。1848 年 1 月，西西里岛首府巴勒莫的人民首先发动了起义，揭开了 1848 年欧洲革命的序幕。经过激战，起义者击败了国王的军队，建立了资产阶级临时政府。在巴勒莫起义的影响下，意大利的米兰、威尼斯等地也相继爆发了反对奥地利统治的起义。撒丁、那不勒斯、托斯卡纳的封建小国的统治者也向奥地利宣战，意大利半岛革命形势高涨。1849 年 2 月 9 日，以马志尼为首的罗马共和国宣告成立。7 月 3 日，法国、奥地利和两西西里王国出动军队，颠覆了罗马共和国。后来由于各小国封建统治者的背叛，革命形势急转直下。8 月 22 日，奥地利军队攻陷威尼斯，意大利革命失败。

这是自由主义改革家们印发的宣传单上的插图：1848 年的普鲁士首都柏林，挥动着警棍的警察驱散了人们的一次游行示威。

法国二月革命的消息传入德国后，德国各地都掀起了声势浩大的游行和集会，柏林也于同年3月爆发了革命。

在意大利的影响下，1848年，欧洲各国相继爆发了大规模的革命。当时的法国处于代表金融资产阶级利益的七月王朝的统治之下，这引起了工业资产阶级的不满。于是工业资产阶级和广大人民联合起来，于2月22日在巴黎群众发动了起义。经过两昼夜的激烈战斗，起义军攻占王宫，法国国王路易·菲利浦出逃，起义军成立了临时政府，宣布废除君主制，建立共和国，史称法兰西第二共和国。但胜利果实被资产阶级篡取，他们下令解散国家工厂，并把工厂中的工人编入军队或驱赶到外省去做苦工。工人们忍无可忍，被迫举行了六月起义，但遭到了政府军的残酷镇压，起义失败。

德意志在1848年以前是一个由35个邦和4个自由市组成四分五裂的联邦国家，这种分裂的状况和意大利一样，严重地阻碍着资本主义的发展。德意志的巴登公国首先爆发革命，并迅速波及很多地区，纷纷成立了资产阶级政府。3月13日，普鲁士王国首都柏林的工人、市民和大学生举行示威游行，并同普鲁士军队展开激烈战斗。普鲁士国王威廉四世调动大批军队，向起义军发起猛攻。经过激烈战斗，普鲁士军队被迫撤出柏林，威廉四世同意召开有资产阶级参加的议会。3月29日，资产阶级首领康普豪森组阁，柏林三月革命的胜利果实落入资产阶级手中。

东南欧也爆发了反对外国统治的民族解放运动，其中以匈牙利的革命最为声势浩大。当时匈牙利处于奥地利的统治之下。1848年3月15日，佩斯人民在革命家裴多菲的领导下，强迫市长在实行资产阶级改革的政治纲领《十二条》上签字，不久革命群众控制了首都。革命者向奥地利皇帝提出建立匈牙利独立政府和废除封建制度的要求。奥皇非常敌视匈牙利革命，他调集了大批反革命军队进攻匈牙利，并于1849年1月5日攻陷匈牙利首都。匈牙利政府迁到德布勒森。不久，匈牙利起义军展开反攻，取得节节胜利。4月14日，匈牙利议会发表《独立宣言》，宣布匈牙利独立。5月21日，匈牙利起义军收复了布达佩斯。为了镇压匈牙利革命，奥地利勾结沙俄，共同出兵。沙俄出动了14万大军入侵匈牙利，20万奥地利军队也对匈牙利发起了猖獗的进攻，匈牙利处于腹背受敌的境地。由于双方军事力量相差悬殊，再加上匈牙利内部右翼分子叛变，匈牙利军队遭到惨败，匈牙利革命失败。

匈牙利革命的失败标志着欧洲1848年革命的结束。镇压了匈牙利革命后，沙俄又相继镇压了罗马尼亚、捷克等国的革命运动，成为欧洲宪兵和镇压东欧民族解放运动的刽子手。

《共产党宣言》

随着欧洲工人运动的蓬勃发展，一种代表工人利益、科学指导工人争取解放的思想应运而生，它就是马克思、恩格斯创立的科学社会主义。

1847 年春季的一天，一位青年来到比利时首都布鲁塞尔的同盟街 5 号。他仔细看了一下门牌号，整理了一下衣服，走上前去，轻轻敲了下门。

过了一会儿，一个留着大胡子的人打开门，看见一个陌生人站在门外，他问答："请问您找哪位？"这个大胡子就是马克思。

"请允许自我介绍一下，我叫莫尔，是受正义者同盟的委托前来拜访您的。"那位青年说道。

"哦，欢迎，快请进。"马克思非常热情。

当时欧洲有很多工人团体和社会主义小组，正义者同盟是影响较大的一个国际组织，在欧洲各国都有会员。莫尔就是正义者同盟的领导人之一。

坐下之后，莫尔打开皮包，掏出一封信，对马克思说："马克

·三大空想社会主义者·

三大空想社会主义者分别是圣西门、傅立叶和欧文。圣西门非常痛恨剥削制度，他提出了实业制度，在这个制度下，每个人都要劳动，按劳取酬，圣西门的这个理论成为科学社会主义的理论来源之一。傅立叶和圣西门一样，都是法国人，他的理论是一种和谐制度，即建立协助社，同样是每个人都要劳动，除了按劳取酬之外，还要按资本和技能获得报酬。傅立叶还组织过试验，但由于他的想法不切实际，很快就失败了。空想社会主义者所做的最大试验是欧文在美国所为，为此他投入了巨额财产，但试验最终失败。空想社会主义者们的失败是必然的，因为他们的设想缺乏现实基础，但他们的理论却成了科学社会主义的理论来源。

思先生，这是我们全体正义者同盟领导人签名的委托书，想请您和恩格斯先生为我们写一个宣言。”

马克思

恩格斯

1847年夏天，正义者同盟在英国首都伦敦召开了第一次代表大会，恩格斯出席了会议，而马克思由于经济原因没能出席会议。大会根据马克思和恩格斯的提议，将正义者同盟改为共产主义者同盟，并将原来的口号“人人皆兄弟”改为“全世界无产者联合起来”。恩格斯为同盟起草了新《章程》。新《章程》的第一条就明确规定了共产主义者同盟的目的：推翻资产阶级政府，建立无产阶级专政，消灭旧的阶级对立的资产阶级社会，建立没有阶级、没有私有制的新社会。从此，一个崭新的无产阶级政党——共产主义者同盟诞生了！

为了躲避反动的资产阶级政府的迫害，正义者同盟的活动都是在地下进行的。共产主义者同盟成立后，开始在工人中大力宣传，扩大影响。马克思、恩格斯在比利时首都布鲁塞尔组织了一个“工人教育协会”，并把《德意志—布鲁塞尔报》作为共产主义者同盟的宣传阵地，用来传播共产主义思想，教育广大的工人和群众。

1847年底，共产主义者同盟在伦敦召开了第二次代表大会。在大会上，代表们觉得应该用宣言的形式写一个纲领。大会结束后，马克思和恩格斯受代表们的委托，经过紧张的工作，合写了

《共产党宣言》。

在《共产党宣言》中，第一，马克思和恩格斯用辩证唯物主义的科学理论阐述了资本主义必将灭亡和共产主义必将胜利的科学结论，指出生产关系一定要适应生产力的客观规律；第二，无产阶级的伟大使命是推翻资本主义，建立社会主义和共产主义，无产阶级是资本主义的掘墓人；第三，共产党是无产阶级的先锋队，没有共产党的领导，无产阶级不可能取得胜利；第四，批判了形形色色的假“社会主义”和假“共产主义”。在《共产党宣言》的最后，马克思、恩格斯用豪迈的口吻向全世界宣布：“让统治阶级在共产主义者的革命面前发抖吧！无产者在这个革命中失去的只是锁链，他们获得的将是整个世界！”

1848年2月，《共产党宣言》在伦敦正式出版，并很快翻译成了多种文字在世界各国传播。《共产党宣言》是马克思、恩格斯的重要著作之一，是无产阶级革命政党的第一个完整理论，是共产主义运动的第一个纲领性文件。它的发表，标志着马克思主义的诞生。

第一国际的建立

1863年，波兰爆发了反对沙皇俄国残暴统治的民族起义。沙皇俄国惊恐万分，派出了大量的军队对起义者进行血腥镇压。沙俄军队的野蛮行径，引起了欧洲人民的强烈愤怒。

英国和法国的工人首先掀起了声援波兰人民独立起义的运动。英国全国工人组织“工联”举行了大规模的游行集会，强烈要求英国政府对沙俄施加压力，但英国首相帕麦斯以需要法国政府也同意为由拒绝了工人的要求。于是英国工人会议通过了致法国工人的《呼吁书》，呼吁法国工人和英国工人团结起来，共同战斗，并建议召开全欧洲工人参加的国际会议。

马克思与恩格斯对第一国际的成立起到了重要的指导作用。

1864年9月28日，英国首都伦敦的圣马丁大教堂内挂满了欧洲各国的旗帜，来自欧洲各国的工人代表济济一堂，大家情绪非常激动，一致声援波兰人民反抗沙皇统治的斗争。在大会上，英国工人代表首先宣读了《英国工人致法国工人书》，号召："为了工人的事业，各国人民必须团结起来！"紧接着，法国工人也宣读了《法国工人致英国兄弟书》："全世界的工人必须团结起来，筑起一道坚不可摧的堤坝，坚决反对把人们分成两个阶级——饥肠辘辘的平民和脑满肠肥的官吏——的害人制度。我们要团结起来，只有自己才能拯救自己。"马克思作为德国代表也出席了大会。

大会根据法国工人代表的提议，决定建立国际工人组织，即"第一国际"，成立一个由英、法、德、意等国工人代表组成的临时中央委员会（后改为总委会）。马克思被选为委员并担任德国通

德国第一国际支部绘制的宣扬社会主义的宣传画

讯社书记。

大会原先决定由中央委员会领导起草第一国际的纲领和章程，马克思因为有病而未能参加起草。不料，各国工人代表之间产生了严重分歧，闹出了一场风波。

英国代表在起草纲领时，把改善工人阶级的经济利益放在首位，要求提高工人阶级地位而斗争；意大利代表则想把意大利工人协会的章程作为第一国际的章程，甚至想成立一个以意大利人为首的“欧洲工人阶级中央政府”。这就明显偏向意大利工人，会在第一国际中造成不和甚至是分裂。不管是英国代表还是意大利代表，他们所提出的问题都是围绕经济利益而提出的，根本没有涉及工人阶级要求的政治地位问题。他们还没有意识到工人的政治利益才是最根本的利益，工人阶级有了政治地位作保障，包括经济问题在内的其他一切问题会很好解决。

看到这乱哄哄的场面，德国代表写信把情况告诉马克思，马克思接到信后，非常着急。他意识到，如果再这样下去的话会产生严重的分裂，会背离建立第一国际的意义。10 月 18 日，马克思带病前来参加会议。

马克思不顾疾病缠身，认真地阅读和修改了所有文件。经过了七天七夜的努力，马克思向总委员会提交了修改后的文件。文件共两份:《第一国际成立宣言》和《第一国际共同章程》。

总委会随即召开全体会议，会议一致通过了马克思修改后的《宣言》和《章程》。

《宣言》是第一国际的纲领性文件，它说:“夺取政权已成为工人阶级的伟大使命。”各国的工人阶级要团结起来，形成一支强有力的队伍，这样才能战胜资产阶级，消灭阶级统治和实现劳动资料公有，使工人得到彻底的解放。在《宣言》的最后，马克思用了《共产党宣言》的口号:“全世界无产者，联合起来！”

第一国际成立后，开始组织各国工人开展运动，欧洲各国的工人运动此起彼伏。1866 年英国裁缝工人大罢工，1867 年法国青铜工人大罢工，1868 年瑞士日内瓦建筑工人大罢工。在第一国际的大力支持下，这些罢工都取得了胜利。

第一国际在支持各国工人争取自己的权益的同时，也同各种机会主义和无政府主义进行了艰苦的斗争。这些斗争主要是与普鲁东主义者和巴枯宁主义者的斗争。在这些斗争中，马克思针锋相对，痛斥他们的谬论，揭露他们企图夺取第一国际领导权的阴谋。在马克思等人的坚决斗争下，他们都遭到了可耻的失败。

战胜了普鲁东主义和巴枯宁主义，第一国际不断发展壮大，团结各国的工人阶级，大力支持各国工人的运动。在世界各国的工人运动中，第一国际起到了巨大的作用。

埃及抗英斗争

19 世纪时的埃及处于奥斯曼土耳其帝国的统治之下。1798 年，为了打击英国人的势力，拿破仑率领法军进攻埃及，进而威胁英国的殖民地印度。奥斯曼帝国急忙派了一支阿尔巴尼亚军队前去增援。阿尔巴尼亚军团的首领叫阿里，是个阿尔巴尼亚人，出生在一个军官家庭。后来他参加军队，因为英勇善战，成为阿尔巴尼亚军团的首领。在埃及人民的支持下，阿尔巴尼亚军团英勇作战，终于击败了法国侵略者，阿里被任命为埃及总督。

但刚赶跑了法国人，埃及南方的前马木路克王朝的残余势力又开始兴风作浪，发动叛乱。阿里率领军队，离开首都开罗，南下平叛。见埃及北部兵力空虚，英国人觉得有机可乘，就派了 1400 多名士兵入侵埃及，占领了亚历山大港，并向埃及尼罗河入海处的腊西德城挺进，首都开罗一片混乱。富人们纷纷把值钱的东西装上车，逃到南方，而穷人只能忧心忡忡，不知该如何是好。

趾高气扬的英国军队仗着自己武器先进和人数众多，根本不把埃及人放在眼里。他们大摇大摆地开进了腊西德城。腊西德市长知道打不过英国人，早就率领着 300 名士兵撤退了。英军除了在进城时遇到了一些微弱抵抗外，基本上没有发生大的战斗，很快就占领了全城。

“埃及人全是一些胆小鬼，根本不敢和我们打！”英军士兵大声嘲笑埃及人。

“明天我们就能占领开罗，后天就能见到金字塔！”一些英国士兵大喊大叫。

腊西德城的英国副领事赶来迎接英军。“埃及军队早跑了！”副领事对英军将领说，“他们的主力在南方打仗，北方没有多少军队。”

“哈哈哈，就是有军队他们也不是我们的对手，我们英国人是天下无敌的，我们战无不胜。占领埃及，简直易如反掌。埃及就是印度第二！”英军将领狂妄地说。

“那是，那是。”副领事连忙点头，“我给大家准备了丰盛的酒席，给大家洗尘接风。”

“太好了，我们早就饿了。”英军士兵一拥而上，坐在桌子前大吃大喝起来。由于英国士兵很多，所以分成了好几部分，到不同的酒馆去吃饭喝酒。英军士兵在酒馆里大声喧哗，吵吵闹闹，很快就喝得东倒西歪，烂醉如泥了。

埃及凯尔奈克神庙内古老的石柱，见证了欧洲殖民者的暴行。

1882年9月13日，英军在开罗城外与埃及军作战。

就在这时，突然从屋顶上、窗户里射出了许多子弹，很多英国士兵惨叫一声倒地而亡。“杀死侵略者！”许多埃及士兵高喊着，有的拿枪，有的挥舞着大刀，杀了进来。英军士兵有很多人根本来不及抵抗就成了俘虏。

有的英军士兵慌忙去拿枪，结果不是被当场打死，就是被砍掉了脑袋。原来，腊西德市长领着埃及军队又杀了回来，趁英国人不备，杀了他们个措手不及，连英国的将军和副领事都被当场打死。这一仗，埃及人大获全胜。

几天后，埃及人押着被俘的英国侵略者来到首都开罗游街示众。英军士兵一个个被捆得结结实实，垂头丧气地走在大街上。街道两旁围观的开罗市民大声欢呼着胜利口号，纷纷把臭鸡蛋扔到英国人的身上。大街上还有许多木笼子，里面装着许多砍下的英国士兵的血淋淋头颅。

在南方打仗的阿里迅速平定了叛乱，得知英国人即将再次入侵后，阿里动员广大人民，有钱出钱，有力出力。埃及军民同仇敌忾，团结一致，再次击败了英国侵略者，并乘胜进军，收复了亚历山大港，捍卫了国家的独立和领土的完整。

击败英国人的入侵后，阿里开始了大规模的建设，进行了各种改革。他消灭割据一方的马木路克势力，统一了全国，没收马木路克的全部土地，分给大臣或分成小块租给农民耕种。此外，为了促进农业的发展，他兴修水利，推广种植棉花等经济作物。为了发展工业，阿里从西欧进口了很多机器，聘请了很多工程师技师，并派遣大量的留学生，创办了很多企业。阿里还创办海军，大力发展陆军，使埃及成为地中海东部的强国。

为了摆脱土耳其人而独立，阿里发动了两次战争，击败了土耳其人，埃及成了一个地跨非、亚两洲的独立帝国，但不久，英国人卷土重来，埃及逐渐沦为英国的殖民地。

鸦片战争

当英、美、法、日等列强进行如火如荼的资本主义革命时，清政府正闭关锁国，自以为“天朝上国”，不思改革，使中国在世界上落伍了。英国通过鸦片贸易从中国攫取了大量白银，同时使中国军民身衰体弱，有识之士纷纷要求禁销鸦片。

1839年，湖广总督、钦差大臣林则徐奉命于1月底到达广州，他一方面整顿海防，一方面宣布收缴鸦片。3月，英国鸦片贩子被迫交出烟土237万余斤。6月3日，林则徐下令把这些鸦片在虎门海滩当众销毁，以示中国政府禁烟的决心。

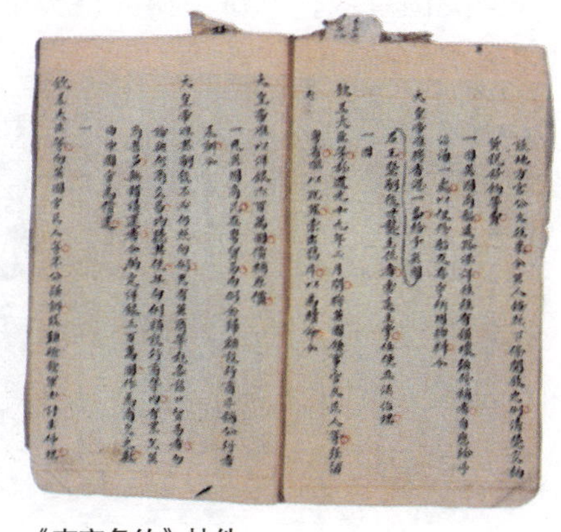

《南京条约》抄件

英国政府以此为借口向中国发动了战争，于1840年1月，以懿律和义律为正副全权代表，懿律为侵华英军总司令，出兵中国。5月，英国舰船40余艘、士兵4000多名先后到达澳门附近海面，鸦片战争爆发。懿律率英军进犯广州海口，看到广州军民早已严密布防，遂转攻厦门，又被邓廷桢击退。6月，英军北上攻占定海作为军事据点。道光帝慑于英军武力，又为投降派的劝说所动摇，遂改变态度，罢免了林则徐，改派直隶总督琦善为钦差大臣，去天津和英军谈判。而此时英军因夏秋换季，疾疫流行，遂放弃定海，于8月中旬南返，双方议定在广州谈判。琦善到广州后，一反林则徐所为，命令撤除海防水勇，镇压抗英群众，一心议和。1840年12月，琦善与义律在广州开始谈判，英军趁中方海防松懈无备之际，于1841年1月7日发动突袭，攻陷了虎门附近的沙角、大角两炮台，并单方面宣布签订《穿鼻草约》，1月26日，英军攻占了香港。

道光帝得知琦善开门揖盗，丢失两炮台后，下令锁拿琦善，并向英国宣战，派侍卫内大臣奕山为靖逆将军，调兵万余赴粤抗

签署《南京条约》时的情景

英。英军先发制人，出动海陆军攻虎门，广州提督关天培亲率清兵迎击，清军刀矛不敌英军坚船利炮，关天培中弹牺牲。2月26日，英军攻占虎门炮台，溯珠江直逼广州。4月，奕山率大军抵广州，5月24日英军进攻广州，一路占领城西南的商馆，一路由城西北登陆，包抄城北高地，不久攻占城东北各炮台，并炮击广州城。奕山执行“防民甚于防寇”的方针，对英军侵略消极抵抗，在英军迅猛攻势下，他与英人签订《广州和约》并征得道光帝批准，以缴600万元换得英军撤出广州地区。

与清政府妥协投降态度相反，广州三元里人民在广州北郊牛栏冈附近同窜入这里的千余英军勇作战，打死打伤英军数十人，并把四方炮台围得水泄不通，在广州知府的调停下，英军才得以解围。

英政府并不满意懿律和义律在中国获得的权益，改派璞鼎查（后来的首任港督）为全权代表来华，扩大侵略战争。1841年8月21日，璞鼎查率37艘舰船，陆军2500人离香港北上，攻破厦门，占据鼓浪屿；10月1日再次攻陷定海，定海总兵葛云飞英勇殉国。10日英军攻占镇海，钦差大臣、两江总督裕谦战死，英军旋占宁波城。道光帝闻讯大惊，忙派吏部尚书、大学士奕经调兵赴浙以收复失地。1842年3月，奕经在准备不充分的情况下全面反击，清军数战不利，撤回原地。

战败消息传到京师，朝野上下震动，道光帝无奈，只得派盛京将军耆英和伊里布赴浙向英军请和。璞鼎查不理会耆英的乞和，继续深入，1842年5月18日，英军攻取浙江平湖乍浦镇，6月16日攻吴淞口，吴淞炮台守将陈化成壮烈牺牲，宝山、上海沦陷。

英军溯长江而上，于7月21日陷镇江，8月，英舰陆续到达南京下关江面。清政府已无心再战，遂接受英方停战的条件，29日，中英在英军舰“汉华丽”号上，耆英、伊里布与璞鼎查签订了中国近代史上第一个不平等条约《南京条约》，鸦片战争以清政府的惨败而告终。

鸦片战争标志着中国开始逐步陷入半殖民地半封建社会，拉开了中国近代史的序幕，昭示了落后就要挨打的深刻道理。

印度反英大起义

19世纪初，伴随着工业革命，英国工业资本发展迅速，使得英国对殖民地的剥削与资本掠夺进一步加大。印度是英国统治下的一个半殖民半封建社会，殖民者把印度变成了倾销产品的市场和原料基地，使印度当地的手工业者破产失业，给广大农民和手工业者带来深重灾难，也直接影响到一些封建主的利益。印度各阶层与英国殖民者之间的矛盾日益尖锐，全国到处弥漫着反英抗英的吼声，民族起义在秘密酝酿之中。

1857年初，殖民者不顾印度人的宗教信仰，用牛油、猪油涂在子弹上，士兵们满腔怒火。殖民者还不断降低士兵待遇，更激起了他们的仇视。5月10日，驻守在米鲁特的士兵杀死英国军官，首先起义。

当晚，米鲁特起义军向德里进发，在德里城内军民的响应下，11日起义军就攻占了德里。他们焚烧英国军营，严惩英国军官，袭击英国教堂。起义军在这里组建了起义政权，周围农民、

这是一幅绘制于 1830 年的图画，描绘了印度拉贾坦古拉王坐在一个豪华的象轿上，而一个不列颠公使骑着棕红色的马紧随其后，表明英国的殖民统治已愈演愈烈。

手工业者等社会各阶层纷纷加入起义军，起义军人数增至 4 万余人。英殖民者急调军队，以旁遮普为后方基地，向德里发起进攻。4000 余英军于 6 月 8 日对德里发起攻势。德里城墙坚固，环城有一条很深很宽的护城河。英军开始时缺少重炮、攻城炮，在起义军的英勇抗击下，英军的每次进攻均被击退。受到挫败的英军并没放弃，他们一面调集重炮，一面和混进起义军内部的封建主勾结，造成起义军内部发生矛盾，实力有所削弱。

9 月 14 日，德里城在英殖民军重炮的轰击下被攻陷，起义军在街巷内与英军展开肉搏战。经过 6 天的激战，起义军打死英军 5000 余人，最终被迫退出德里城，向勒克瑙转移。英殖民者进驻德里后展开了疯狂报复，屠杀起义军 2 万余人。

1858 年 3 月，勒克瑙成了起义中心，集结起义军 20 万人。英军获得消息后，立即调集 9 万大军和 180 门大炮，向勒克瑙逼近。面对枪炮装备精良的敌人，以马刀为主的起义军不畏强敌，与英军展开英勇的斗争。在英军猛烈炮火下，起义军坚守半月之久，终因伤亡惨重被迫放弃勒克瑙城。3 月 21 日起义军主力开始撤离，随即英军攻陷了勒克瑙城。

3 月 25 日，在休·罗斯爵士的率领下，英殖民军开始了进

莫卧儿王朝最后一个皇帝，1857 年被起义者劝服领导反英起义，遭镇压后被流放到缅甸。

攻另一个起义中心詹西城。当日，英军对詹西城展开了激烈的炮轰。詹西女王是一位英勇而出色的指挥官，她亲临城头，与起义军并肩作战。在她的影响下，起义军更为顽强勇敢，英军的进攻屡屡受挫。4 月 1 日，2 万 起 义 军在坦提亚·多比的率领下，赶往詹西支援解围，但遭到英军的截击而溃败。4 日，詹西城内投降主义者叛变，引英军从南门攻进城池。女王大怒，遂亲身挥动武器，带领士兵一起冲锋陷阵，与英军展开白刃战。顽强的起义军们杀死英军无数，但终因寡不敌众，大势已去，女王趁夜突出重围。

德里、勒克瑙和詹西三大起义中心相继沦陷，各地起义军先后转入游击战。他们充分利用地形，机动灵活地与英军周旋，在运动中寻找时机打击英军。

1858 年 5 月，坦提亚·多比和詹西女王分别率领起义军向卡尔皮集结，围攻了瓜寥尔。6 月，起义军攻占瓜寥尔，在这里建立临时政权。英殖民者十分恐慌，立即从各地调集军队。6 月 17 日，英军在罗斯的指挥下向瓜寥尔进攻。在城市的东南郊，詹西女王与英军展开激战。詹西女王始终和士兵在一起奋战，多次对英军发动猛烈的攻击，但遭到英军炮火的轰炸，起义军伤亡越来越多。最终起义军因腹背受敌而溃败，詹西女王英勇就义，坦提亚·多比率军撤出瓜寥尔。

在英军收买政策下，起义军内部出现叛变，1859 年 4 月，坦提亚被出卖后遇难，印度民族起义最后失败。

这次起义是印度历史上的重要转折点，它沉重地打击了英殖民统治，也加速了印度资本主义的发展，这次民族大起义在亚洲近代史上也占有重要地位。

苏伊士运河

苏伊士运河位于埃及东北部的苏伊士地峡，作为亚、非两大洲的分界线，连接着地中海和红海，战略位置十分重要，拿破仑占领埃及时，就曾萌发开凿运河以沟通两个海域的想法。

1798 年，拿破仑征服埃及。在仔细察看埃及的地理位置后，他认为开通一条运河，把地中海和红海连成一体十分必要。因为这样既可以直接攫取印度和远东的财富，又可以切断英国与东方殖民地的联系，削弱它的实力。为此他责成科学顾问对该地区进行勘测。结果这些人得出红海海面比地中海海面高几米的

苏伊士运河的通航典礼是在英法两国的主持下进行的。

连通红海与地中海的苏伊士运河挖掘现场

谬论，认为若是开通运河，整个埃及三角洲就会被淹没。无奈之下，拿破仑也只得作罢。

过了不久，拿破仑被纳尔逊领导的英国海军驱逐出这一地区，之后这块宝地也没有得到片刻的安宁。19世纪，被工业革命武装起来的西方列强把殖民魔爪伸向亚非拉的每一个角落。苏伊士地峡处在地中海与红海之间，如果在此开通运河，就可以大大缩短从大西洋到印度洋的航线，如此的经济、政治、军事战略重地早令殖民者垂涎三尺。

1854年，法国殖民者费迪南德·李赛普使用欺诈的手段，得到土耳其的埃及总督赛德帕的信任，与之签订了《关于修建和使用沟通地中海和红海的苏伊士运河及其附属建筑的租让合同》。合同规定，从运河通航之日起，租期99年，期满后归埃及所有；埃及无偿提供开掘运河所需的一切土、石、劳动力；运河是埃及的一部分，运河公司是埃及公司，受埃及法律和习惯所制约。这份合同生效后，1859年4月25日，李赛普组建的“国际苏伊士运河公司”正式开凿苏伊士运河。工程从北端的赛得港开始，沿苏伊士地峡向南推进，到1869年11月凿通了这条长达100多千米的运河。但代价是巨大的，10年间，由于高强度的劳动，低劣的食物，再加上监工的虐待，12万劳工累死在工地上。苏伊士运河中流淌的不仅是红海与地中海的海水，还有成千上万名埃及劳工的血泪。

这条运河开通后，总长达到190.25千米；深为22.5米；允许通过的船只最大吨位为 21 万吨；满载油轮限速 13 千米 / 小时，货舱船限速 14 千米 / 小时。

以上性能的这些数据使得它成为世界上最长的无船闸运河，而且航道极为安全，事故发生率几乎为零，并且可以昼夜通航。

如此性能优越的运河，并没有因为埃及人付出了惨重的代价就为他们带来福利，而是长期为西方殖民者所把持。从竣工之日起，运河公司股票的 52% 就控制在法国资本家手中。1875 年，英国政府又巧取豪夺，占有了埃及掌握的 15% 的股票，控制了公司 44% 的股权，成为该运河的实际控制者，然后又在 1882 年派兵强占运河区，长达 74 年之久。直到 1956 年，埃及最终才把运河收归国有，这期间英国的船只从本土到海湾国家，航程缩短了 46%，从而为以英国为代表的欧洲列强节约了大量费用，缩短了船只的航运周转期。这使得列强更快更多地从东方的殖民地攫取财富，更牢固地控制那里弱小的国家和民族。苏伊士运河因此一度被称为向西方殖民主义输血的主动脉。

1956 年，埃及不但将运河收归国有，而且击败了英法和以色列的联合进攻，捍卫了运河主权。但到了 1967 年，西奈半岛被以色列占领，埃及被迫关闭运河。6 年后，埃及收复了西奈部分领土，1975 年又重新开放运河。苏伊士运河历经沧桑，最终回到了埃及人手中。

俄国1861年改革

19 世纪中期以前，沙皇俄国的资本主义经济虽然有所发展，但仍然是一个落后的农奴制国家。农奴的数量在这个国家占到

90%以上，世世代代饱受贵族地主的剥削和压迫。

1846年，英国废除了《谷物法》。在利益的驱使下，俄国的地主拼命剥削农奴，把粮食贩卖到英国，赚取了大量金钱供他们挥霍。以前农奴都有自己的份地，地主们将农奴的份地抢走，实行月粮制，每月只发给他们仅能糊口的粮食，并强迫他们在土地上没日没夜地劳动。在月粮制下的农奴们的地位已经和奴隶差不多了，就连一个俄国大地主也不得不承认："月粮制介于农奴制和奴隶制之间，月粮制下的农奴们始终无法摆脱他们的处境，除了微薄的生活资料和劳动到死以外，没有任何前途。"在月粮制下的农奴受着地主们的残酷剥削，他们的劳动率越来越低。

由于地主们的残酷剥削，农奴们一贫如洗，根本无力购买工业制品，这对俄国资本主义的发展产生了严重的制约。另外，由于农奴们都被地主们束缚在土地上，自由劳动力很少，使得工厂严重缺乏劳动力。由于地主们可以任意剥削农奴，所以他们根本不去关心生产工具的改进。一个地主解释他为什么不使用打谷机时说："我为什么要使用打谷机？如果庄稼都在秋天打完了，那农奴们在冬天干什么？买打谷机还要花钱，还要维修、保养，而用农奴根本不用花一分钱！"这就严重阻碍了俄国生产率的提高和工业的进步。

尼古拉一世
落后的俄国在克里米亚战争中一败涂地，尼古拉一世服毒自杀，他的儿子亚历山大鉴于教训，推动了1861年改革。

1853 ~ 1856 年，为了争夺在奥斯曼土耳其的利益，俄国和英法两国之间爆发了战争。因为战场主要在俄国的克里米亚半岛，所以被称为克里米亚战争。在战争中，俄国农奴制的落后和英、法资本主义的先进形成了鲜明的对比。俄军使用的滑膛枪射程仅为英法军队使用的来复枪的 1/3；俄国海军的战舰还是木质帆船，而英、法军队的战舰则是先进的汽船；俄国南方没有修铁路，所有的军需品都要靠大车来运，前线士兵的弹药、粮食和药品严重不足，而英、法军队则在占领区迅速修建了铁路，弹药、粮食和药品供应充足、及时，后勤保障非常得力。加上俄国的军官腐败无能，侵吞军饷、贪污军需品，而英法联军则纪律严明。在战争中，俄军一败涂地，伤亡达 52 万多人，耗费了 5 亿卢布，俄国的财政到了崩溃的边缘，国际地位更是一落千丈。沙皇尼古拉一世服毒自杀，继任的沙皇亚历山大二世被迫向英法两国求和。

克里米亚战争使俄国统治者意识到，只有废除农奴制，加

这幅克里米亚战争的雕版画描绘的是塞瓦斯托波尔以东的一个英军战地。

快资本主义的发展才能富国强兵。克里米亚战争加剧了俄国的阶级矛盾，耗费了大量的人力物力，农奴们纷纷起义。一些开明的知识分子秘密成立组织，密谋发动起义，准备推翻沙皇的统治。

为了巩固自己的统治，亚历山大二世在1861年3月3日签署了《关于脱离农奴依附关系的农民的一般法令》《关于脱离农奴依附关系的农民购买其宅地及政府协助农民购买耕地的法令》等一系列关于废除农奴制的法令。这些法令主要分为3个方面：一是宣布农奴人身自由，地主再也不能任意买卖农奴和干涉农奴的家庭生活。农奴可以从事工商业，成为市民和商人。二是规定土地仍然归地主所有，农奴必须购买。资金主要部分由政府以有息债券的形式付给地主，然后农民在49年内连本带息还给政府。事实上，农奴为了赎买土地而交纳的赎金大大高于地价，按照市场价格卖给农民的土地仅值5亿卢布，但实际上农奴交给政府的赎金却高达19亿卢布。三是为了有效地管理农奴，农奴要住在原来的村庄中。村中的官员由民主选举产生，但必许服从政府的命令。

除此以外，沙皇还废除了募兵制，实行义务兵制。在文化教育方面也推行了一些普及教育的措施。

1861年的改革是沙皇实行的一次自上而下的资产阶级性质的改革，是俄国历史上一次重要的转折点，使俄国的生产关系在一定程度上适应了生产力的发展，俄国从此走上了迅速发展资本主义的道路。但这次改革很不彻底，仍保留着大量的封建残余。

美国南北战争

美国独立后，南北两方沿着不同的体制发展。美国北部工业发展迅速，资本主义生产力得到极大提高。而南部仍是以种植庄园主剥削压榨奴隶为基础的奴隶制。北部工业的发展，需要大量的廉价劳动力、生产原料和商品市场，而大量的奴隶却被南部奴隶主束缚在庄园里，南部的生产原料也多出口到欧洲，并从欧洲进口工业品，这无疑使北方工业得不到足够的原料和劳动力，进口的工业品也冲击着北方的生产。南部的奴隶制严重阻碍了美国资本主义的发展，两种制度之间的矛盾日趋尖锐。

1860 年 11 月，痛恨奴隶制的共和党人林肯当选总统，南部扩展奴隶制度的梦想破灭。为维护自身利益，南部奴隶主发动叛乱。

南方联军总司令罗伯特·李将军向格兰特投降。

12 月 20 日，南卡罗莱纳州宣布独立，佐治亚、阿拉巴马、密西西比、佛罗里达、路易斯安那和得克萨斯等州也纷纷跟随。1861 年 1 月，南部各州组织“南方同盟”，2 月在蒙奇马利成立临时政府，戴维斯当选总统。4 月 12 日，南军不宣而战，攻占了联邦政府军驻地萨姆特要塞，南北战争爆发。

预先对战争做好充分准备的南部诸州开始时进展顺利，采取以攻为守的战略，集中兵力寻歼北军主力。南军迅速占领哈珀斯费里和诺福克海军基地，进驻铁路枢纽马纳萨斯，直接威胁联邦首都华盛顿。北方采取了所谓的“大蛇计划”，把部队分散在较长的战线上，且消极防御，给南军可乘之机，使南军在战场上节节胜利。1862 年初，北军沿东西两线发动进攻，除西线格兰特率领的部队解放了肯塔基州和田纳西州大部，取得一定的战果外，在其他战场，南部军队均抢占上风。

·“地下铁道”·

为了帮助黑人奴隶逃出充满罪恶的蓄奴州，废奴主义者们组织了一整套接应逃亡奴隶的线路和方法。他们称这一逃亡线路为“地下铁道”。“地下铁道”设有“车站”——同情黑奴的人的住宅，过路的黑人可以歇脚、投宿；有“火车”——逃亡的奴隶群；有“乘务员”——熟悉道路和情况的领路人。当时的一些伟大的废奴主义领袖，如约翰·布朗、哈里特·塔布曼等都是著名的“乘务员”。约翰·布朗领导的起义把这场运动推向高潮。废奴运动是南北两种社会制度矛盾尖锐的产物，是美国南北战争的序幕。

面对不断的失利，人民群众强烈要求政府以革命的方式进行战争。林肯当局顺应民意，颁布《宅地法》，规定公民有权获得一份土地。1863 年 1 月 1 日，正式颁布《解放黑人奴隶宣言》，宣布南部各州的奴隶永远获得自由，并允许黑人参加北方军队，宣言沉重地打击了南部的奴隶制度，奴隶们看到了曙光，纷纷起义，参加北方军队，也极大地调动了北方人民的激情。此举使整个战局发生了变化。

北军采取主动进攻、全面摧毁南军的军队战斗意志和经济基础的战略决策。1863 年 5 月，北方波托马克军团 13 万人向里士满进军。轻敌的南军多次被击败，北军扭转了战争的被动局面。与此同时，西线的格兰特军团切断南军水上运输线，从水陆同时实施进攻，打通了密西西比河，向南军修筑在密西西比河上的重要堡垒维克斯堡发起总攻，意图把南军分割成东西两部分。防御坚固的维克斯堡控制着整个河面。北军猛烈的炮轰持续了 47 天，几乎摧毁了要塞的所有防御工事。弹尽粮绝的守兵失去防御能力，于 7 月 4 日投降，2.9 万人的俘虏创造了南北战争期间俘虏人数最多的纪录。7 月 8 日，北军攻占了哈得逊港，实现了分割南军的目标。9 月 9 日，格兰特命坎伯兰军团向交通枢纽和工业中心查塔努加发起围攻，取得向南部进军的基地。

维克斯堡和查塔努加的大捷，注定了南军败亡的最后命运。

1864 年，格兰特被任命为总司令，统一指挥北军的战斗。北军发起战略进攻，双方损失惨重。北方人力、财力充沛，能及时补给，南军则兵源枯竭。7 月上旬，南军的罗伯特 · 李派 2 万余人奔袭华盛顿，因消耗殆尽而全军覆灭。9 月，北军西线的谢尔曼攻占了亚特兰大，插入南军后方。12 月 21 日，占领了萨凡纳，奠定了战胜南部的基础。

1865 年，谢尔曼北上，与格兰特形成夹击南军之势，一路势如破竹。4 月 1 日，北军在彼得斯堡附近与南军展开决战，南军遭到惨败。罗伯特·李被迫于 9 日率领残军 2.9 万人向格兰特投降，历时 4 年的内战到此结束。

北军的胜利，恢复和巩固了联邦的统一，摧毁了奴隶制，扫清了美国资本主义发展的障碍。由于新科技的应用为战争史开辟了全新篇章，战争面貌大为改观，后勤供应也更为复杂，这次战争被人们称为“第一次现代化战争”。

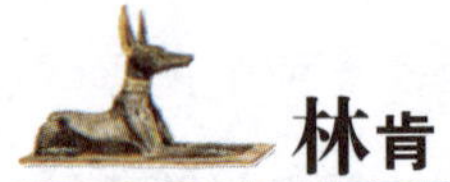

林肯

1831 年 6 月的一天，一个年轻人来到美国南方城市新奥尔良的奴隶拍卖市场。当年轻人看到戴着脚镣手铐的黑人奴隶像牲口一样被人买来卖去时，他惊呆了，然后愤怒地说：“真是可耻之极。总有一天我要把这奴隶制度彻底打垮。”这个年轻人就是亚伯拉罕·林肯，他当上美国总统后，果真推翻了奴隶制度，解放了黑人奴隶。

1809 年 2 月 12 日，林肯出生在一个农民家庭。小的时候，他的家里很穷，因此他没有接受过多少正式教育。他后来回忆说：“我一生中进学校的时间，加在一起总共不到一年。”但他从小勤奋好学，一有机会就向别人请教，靠自学获得了丰富的知识。7 岁时，林肯的家搬到了印第安纳州，9 岁时，母亲病逝。继母和生母一样，也是一位和蔼可亲而又贤惠的女人，对林肯的学习给予了很大帮助。

林肯雕像

1830年，林肯随父母迁居伊利诺伊州后，开始了自力更生的生活，做过店员、测量员、邮递员等工作，以认真、诚实的作风获得了“诚实的亚当”的美名。他在1834年当选为伊利诺伊州议员，两年后，又通过考试获得了律师资格，成为一名律师。林肯是个机智的人，有一次出庭辩论时，对方律师把一个简单的论据翻来覆去地陈述了两个多小时，讲得听众都不耐烦了。好不容易才轮到林肯上台替被告辩护，他走上讲台，先把外衣脱下放在桌上，然后拿起玻璃杯喝了两口水，接着重新穿上外衣，然后再脱下外衣放在桌上，又再喝水，再穿衣，这样反反复复了五六次，法庭上的听众笑得前俯后仰，林肯却一言不发，在笑声过后开始了他的辩护演说。

做律师不久，他和美丽的玛丽结婚了。结婚之初的生活是比较清苦的，但在玛丽的操持下，家境逐渐好转，他们也有了3个孩子。1854年，共和党成立，林肯加入了这个主张废除奴隶制的党派，两年后，他在该党的第一次全国代表大会上被提名为副总统候选人。当时，美国南北围绕蓄奴制度的存废问题展开了激烈斗争，双方的矛盾冲突已经到了非常尖锐的地步。1858年，林肯在参加伊利诺伊州参议员竞选时，发表了一篇题为《裂开了的房子》的著名演说，他把美国南北两种制度（奴隶制度和资本主义制度）并存的局面比喻为一幢裂开了的房子，并明确表达了希望维护国家统一的愿望。尽管林肯的这次竞选失败了，但这次极富魅力的演讲使他的大名传遍了全国。1860年，林肯当选为美国总统。

林肯的当选，对南方种植园主的利益构成了严重威胁。1860年12月，南方的南卡罗来纳州首先宣布脱离联邦而独立，接着密西西比、佛罗里达等蓄奴州也相继宣布脱离联邦。南方叛乱诸州还建立了自己的政权，并在1861年4月12日不宣而战，攻占了联邦政府军驻守的萨姆特要塞，美国内战开始。林肯为了维护国家的完整，对南方的叛乱政权宣战。战争初期，北方军队屡战屡败，引起了人民的强烈不满，林肯认识到是到废除奴隶制的时候了。1862年5月，林肯签署了《宅地法》，规定每个美国公民只交纳10美元登记费，便能在西部得到160英亩土地，连续耕种5年之后就成为这块土地的合法主人。同年9月，林肯又亲自起草了《解放黑人奴隶宣言》，并在次年的1月1日正式颁布，宣布废除叛乱各州的奴隶制，黑人奴隶获得人身自由。这两个法案大大激发了人民的革命热情，成为北军逆转战场形势的重要转折。1864年11月，林肯竞选连任成功。1865年4月，美国内战以林肯领导的联邦政府的获胜告终。

但是战争的胜利并没有消除蓄奴势力对林肯的仇视，在南军宣布投降的第5天晚上，林肯在华盛顿的福特剧院里看戏时，被南方奴隶主收买的一个枪手刺杀，享年56岁。

日本倒幕运动

19世纪中期以前，日本处于德川幕府的统治之下，实行锁国政策，只和中国、朝鲜和荷兰有贸易往来，对世界的变化一无所知。

1853年7月8日，4艘奇形怪状、黑黝黝的战船出现在日本的江户湾（今东京湾）。它们的烟囱冒着黑烟，发出震耳欲聋的汽笛声，黑洞洞的炮口似乎随时都要发射炮弹。在岸上巡逻的士兵从来没有见过这样的庞然大物，他们吓得禀报上司。经过双方的接触，日本人才知道这是由美国人培里率领的一支舰队，他们来是要向日本递交国书，并要求日本开放通商口岸。日本幕府的官员知道这一消息后迫于美国舰队的军事压力，被迫同意。

在浦贺附近的久里滨，日本幕府的官员接受了培里递交的国书。在国书中美国人提出了很多要求，如美日缔结通商条约，日本向过往的美国船只提供淡水和煤炭，救助落水的船员等等。在美国强大武力的威胁下，日本不敢不同意。为了进一步炫耀美国国威，美国舰队来到江户湾进行了大规模的示威，弄得江户城内人心惶惶。随后，美国舰队扬长而去。

1854年3月，培里率领舰

明治天皇

·维新三杰·

为倒幕做出最大贡献的无疑是萨摩藩，它贡献了倒幕、维新运动中最出色的三个人：大久保利通、西乡隆盛和木户孝允，这三个人为明治维新做出了突出的贡献，所以称之为“维新三杰”。三人中，大久保利通政治手腕最高明，他坚决反对西乡隆盛的征韩计划，并因此与其决裂。西乡隆盛一气之下回乡造反，最后兵败自杀。木户孝允虽然和大久保利通站在同一战线上，但也遭到排挤，不久也病死了。大久保利通也没过多久好日子，正当他雄心勃勃改革的时候，却被幕府残余分子暗杀。维新三杰虽然都英年早逝，但是日本的维新事业并没有止步，而是继续发展了下去。

队再次来到日本。双方签订了不平等条约《日美修好条约》，又称《神奈川条约》，日本被迫向美国开放通商口岸和提供最惠国待遇。自从美国与日本签订了不平等条约后，西方国家纷纷前来，强迫日本签订不平等条约，日本逐渐沦为半殖民地。

随着西方势力的侵入，西方的大量廉价的纺织品也大量涌入，日本的传统手工工场纷纷倒闭，大量的农副产品和黄金外流。

面对这种严峻的局势，日本统治阶级出现了两个对立的集团：以幕府将军为首的保守派为了维护自己的利益，主张维持现状，反对改革；以萨摩和长州两藩为首的一些大名主张改革，推翻幕府统治，富国强兵，废除不平等条约。双方发生了激烈的冲突，倒幕派毒死了畏惧幕府的孝明天皇，扶植年幼的明治天皇上台。

1867 年 10 月上旬的一天，在京都（当时天皇所在地）天皇宫中的一间书房里，倒幕派首领大久保利通、西乡隆盛等几个重要人物聚集在一起，商量如何对付幕府。其中一个人说：“倒幕要名正言顺，必须取得天皇的支持。”其他人都点头表示同意。几个人商量好了，就派了一个人去向天皇报告。明治天皇虽然只有15岁，但他很有见识，早就对幕府把持朝政表示不满了。于是，他就和倒幕派联合起来共同反对幕府将军德川庆喜。他下了份密诏，密令讨伐德川幕府。大久保利通等人接到密诏，非常高兴。

不料，听到风声的德川庆喜假装辞去幕府将军的职位，主动要求把政权还给天皇。倒幕派看穿了德川庆喜的缓兵之计。他们准备先下手为强，打德川庆喜一个措手不及。

倒幕派连夜调兵遣将，把自己的部队调集到京都，发动了宫廷政变。1868年1月3日，倒幕派率兵包围皇宫，解除德川幕府警卫队的武装。明治天皇和他们召开了御前会议，宣布“王政复古”，收回大权。明治天皇宣布建立由他领导的新政府，委派大久保利通等人主管政事。

气急败坏的德川庆喜连夜逃出京都，退到大阪。他不甘失败，调集忠于他的军队，打着“解救天皇，清除奸臣”的旗号，杀向京都。

大久保利通率领倒幕派的军队，毫不畏惧，沉着应战，在京都附近的鸟羽、伏见两地严阵以待。为了鼓舞士气，明治天皇还亲自到阵前督战。

到了半夜，毫无防备的幕府军刚到这里就遭到了倒幕军大炮的轰击，双方随即展开了厮杀。幕府军虽然人数多，但士气低落，而政府军却斗志旺盛，以一当十。不久，幕府军就败下阵来，纷纷逃跑。

倒幕军乘胜追击，包围德川庆喜的老巢江户。德川庆喜见大势已去，只好向倒幕军投降。至此，统治日本200多年的德川幕府倒台。

幕府彻底倒台以后，明治天皇进行了一系列有利于资本主义的改革，使日本很快走上了资本主义道路，史称“明治维新”。

“铁血宰相”俾斯麦

一次，俾斯麦乘火车出差，下车后坐在椅子上休息。这时，另外一位旅客坐在了他旁边，并和他攀谈起来。那个旅客问俾斯麦是做什么生意的，当俾斯麦知道对方是皮革商后，也谎称自己是皮革商。临别时，俾斯麦微笑着对那人说：“阁下如果以后来柏林，不妨来我的工厂参观，我的工厂在威廉街76号。”威廉街76号是首相办公室。

那个皮革商打死也不会相信，面前这个和善的人就是有“铁血宰相”之称的俾斯麦。的确，在政治上俾斯麦可没这么温顺，他称得上是一个铁腕人物。

1815年，俾斯麦出生于德国普鲁士勃兰登堡的一个贵族家庭，父亲是政府官员，母亲出身于资产阶级家庭，受过良好的教育，是俾斯麦家族中第一个来自非贵族家庭的妇女。

俾斯麦天资聪颖，学习成绩不错，但常常喜欢和别人打架，蛮横的天性从小就暴露了出来。他在1832年进入哥廷根大学，一年半后转入柏林大学，主攻法律，对历史和外语尤其感兴趣。大学期间，与同学发生过28次决斗。1835年大学毕业后，他在柏林的法院当过见习书记官，但那种琐碎的工作根本不适合他野心的性格，他经常在工作时间骑马出去散心。1838年春天，俾斯麦爱上了一个牧师的女儿，爱得可谓如痴如狂，最后竟然追人家追到了瑞士，但是终究没有成功。后来，在母亲的劝说下，他转到波昂的法院工作，又投效了王家卫队，但是不到一年时间，他就因为冒犯长官而辞职。他在1839年返回故乡，和家人一起经营庄园。1847年，俾斯麦结婚了，夫人是一位虔诚的教徒，在夫人的影响下，俾斯麦逐渐改掉了过去的一些陋习，也成为一名忠实的信徒。

德皇威廉二世肖像，完成于1890年，就在这一年，他迫使俾斯麦辞职。

婚后不久，俾斯麦步入政坛，当选普鲁士联邦议会议员。之后，他逐渐形成了自己的政治信念：第一，最好的政府形式莫过于君主专制；第二，德意志必须在普鲁士的领导下完成统一。1859年，俾斯麦任驻俄公使，1861年改任驻法公使。1862年，他出任普鲁士宰相兼外交大臣，几天后，他发表了著名的“铁血演说”，宣称：“当代的重大问题不是用说空话和多数派所能解决的，而必须用铁和血来解决。”俾斯麦“铁血宰相”的称号就是来源于这里。一言以蔽之，他决心用武力作为解决政治问题的最主要手段，在当时，这主要就是指排除奥地利，由普鲁士领导完成德意志的统一。

俾斯麦通过三次王朝战争实现了统一的目标。第一步，在1864年初挑起对丹麦的战争，把属于丹麦的石勒苏益格和荷尔施泰因两公国（居民多数为德意志人）并入德意志。第二步，在1866年挑起对奥地利的普奥战争。迫使奥地利退出德意志联邦，并建立起在普鲁士领导下的北德意志联邦，统一了德意志北部和中部。第三步，在1870年挑起普法战争，清除统一南德的障碍。这次战争是德国在欧洲崛起的重大转折，强大的法国在色当战役中被彻底击败，法皇拿破仑三世被俘，巴黎被普军占领。1871年1月18日，俾斯麦在法国的凡尔赛宫宣布统一的德意志帝国成立，普鲁士国王威廉一世成了德意志帝国的皇帝，俾斯麦出任帝国宰相，并被授予公爵封号，成为19世纪下半叶欧洲政治舞台上的风云人物。

德国统一后，俾斯麦就显得不那么顺利了，他在国内推行的强硬政策遭到人民的普遍反对，对外与英、法争夺海外殖民地也处处碰壁，又引起容克资产阶级的不满。1888年，威廉二世即位为德国皇帝。威廉二世不同于他的父亲，野心勃勃、刚愎自用，与俾斯麦在“政策谁做主”的问题上发生了摩擦。1890年3月，威廉二世命令俾斯麦递交辞呈书，俾斯麦在当政28年后下台。1898年3月18日，俾斯麦溘然长逝，享年83岁。

普法战争

19 世纪上半期，德意志是一个由 34 个独立的国家和 4 个自由市组成的松散的联邦。这个联邦没有中央政府，没有统一的军队，各国都各自为政，严重阻碍了资本主义的发展。普鲁士和奥地利是德意志各国中最强大的两个国家。普鲁士击败了不愿意统一、只想维持自己在德意志内霸权的奥地利，统一了北德意志，举起了德意志统一的大旗。但当时南德意志的 4 个邦还处于法国的控制之下，为了德意志的统一，普鲁士首相俾斯麦决定和法国开战。

当时的法国在历史上叫法兰西第二帝国，他的皇帝拿破仑三世叫路易·拿破仑·波拿巴，是拿破仑的侄子。他是个狂妄自大的人，连拿破仑 1% 的军事才能都没有，但却经常对外发动战争。他公开说："德意志决不能统一，它应该被分成三部分！"当时法国国内阶级矛盾激化，社会问题多如牛毛，法国的资产阶级为了转移国内人民的注意力，夺取德意志的莱茵河西岸地区；而普鲁士方面视法国为德意志统一的绊脚

普法战争是法国与新统一的德国为了争夺北欧的主导权而进行的一场战争。这是一场一边倒的战争，俾斯麦的普鲁士军队在色当打败了拿破仑三世的军队，包围了巴黎。在后来的协议中，法国失去了阿尔萨斯与洛林两省，为德法关系留下了痛苦的遗产，这个问题一直延续到 20 世纪。

1871年普法战争后期，胜利的德国军队群集在巴黎城墙外的废墟上。

石，它也企图夺取法国矿产丰富的洛林和阿尔萨斯地区。于是，一场大战不可避免了。

1870年7月19日，法国正式对普鲁士宣战。当时法国有40万军队，拿破仑三世以为凭借自己的强大的军事势力可以很快击败普鲁士。他狂妄地说："这场战争不过是到柏林的一次军事散步！"可实际情况并非如此。40万法军调到前线的只有20万，而且军队编制混乱，军官找不到士兵，士兵找不到军官，有的将军还远在非洲。狂妄自大的法国将军以为法军必将是在普鲁士境内作战，所以他们只带了普鲁士地图，而没有带本国的边境地图。本来按照原计划，法军在拿破仑三世抵达前线后的第二天就应该向普鲁士进军，但拿破仑三世看到法军装备、粮草严重缺乏，犹豫起来。普鲁士军队趁机结集了40万军队，完成了军事部署。到了宣战的第8天，法军的25万人才来到法普边境。

8月2日，法军攻入普鲁士境内，但立即遭到了普鲁士军队的迎头痛击。8月4日，普鲁士军开始全面反攻，法军全线崩溃，普鲁士攻入法国境内。拿破仑三世见大事不好，急忙把指挥权交给巴赞元帅，自己乘着一辆马车向西狂逃。巴赞在抵抗了一阵后，败退到麦茨要塞，随即被普军包围。法军的麦克马洪率领12万法军退到色当要塞，和早先到这里的拿破仑三世会合。不久，色当也被普军包围。

9月1日早晨，色当大战开始。法军龟缩在坚固的要塞中同普军对抗。普军占领了色当四周的高地，用700门大炮猛轰色当。一时间，色当上空炮声隆隆，炮弹像雨点一样落入色当城内，全城一片火光，到处都是残垣断壁，滚滚浓烟，法军死伤惨重，连麦克马洪元帅也被打伤。

拿破仑三世从来没有见过这种阵势，被普军的强大火力吓得魂飞魄散。他急忙换上一套士兵的服装，跑到麦克马洪的指挥所，战战兢兢地说："元帅，我们还能承受下去吗？"见到拿破仑三世身穿士兵的服装，麦克马洪心里就明白了一大半：皇帝要投降了。他叹了一口气说："陛下，我们孤军奋战。外面没有援军，我们的弹药又不多了，我已身负重伤，无法再继续指挥作战。您来决定吧。"

拿破仑三世说："在现在的情况下，我们已经没有取胜的希望。为了士兵们的生命，我决定同普军谈判。"

下午三点，拿破仑三世在城中的中央塔楼升起了一面白旗，同时派人向普鲁士国王送去了一封投降书。投降书是这样写的："我亲爱的兄弟，我没有死在我的军中，所以我把我的佩剑送给陛下，希望以后能继续做彼此的好兄弟。拿破仑。"

第二天，拿破仑三世正式签署了投降书，和麦克马洪元帅以及39名将军，10万名士兵做了俘虏，650门大炮和大批的武器辎重落入普军手中。这次战役在法国历史上被称为"色当惨败"。

色当兵败的消息传到巴黎后，愤怒的人民推翻了第二帝国，建立了法兰西第三共和国，结束了法国历史上的王朝统治时代。

巴黎公社

色当惨败后，普军继续深入法国，在不到20天时间里，包围了法国首都巴黎。巴黎人民发动大起义，推翻了帝国政府，成立了资产阶级临时政府。临时政府虽然口头上高喊要坚决抵抗，但他们却背地里同俾斯麦商量投降条件。

不久，资产阶级临时政府内阁总理梯也尔同俾斯麦签订了卖国条约，宣布普法战争结束。条约非常苛刻，普鲁士要求巴黎城外炮台移交给普军，法军还要交出2000门大炮和17万支步枪以及大量的弹药，被全面解除了武装。法国赔偿普鲁士50亿法郎，割让阿尔萨斯和洛林。

但英勇的巴黎人民却始终保持着高昂的战斗热情，他们对卖国的临时政府非常不满，于是组建了一支以工人为主体的国民自卫军，还筹款铸造了400门大炮。

为了巩固自己的反动统治，梯也尔决定夺取国民自卫队的大炮，消灭国民自卫军。

1871年3月18日凌晨，梯也尔命令巴黎卫戍司令维努亚带着一支军队鬼鬼祟祟地来到摆放着大炮的蒙马特尔高地。他们先杀死了守卫在那里的几名自卫军战士，然后开始拖大炮。

这时突然传来几声枪响，原来政府军在拖大炮的时候，被自卫军战士发现，急忙鸣枪报警。睡梦中的国民自卫军战士纷纷拿起武器，跑到蒙马特尔高地。

许多妇女、老人和儿童也纷纷赶到这里截住了他们。大家愤怒地质问政府军：

“你们想干什么？为什么偷我们的大炮？”“你们自己投降卖国，交出你们自己的武器弹药还不够，还要偷我们大炮送给普鲁士人？”“把我们的大炮放回原处！”

维努亚恼羞成怒，他大声说：“这是政府的命令！”但大家根本不怕他，继续指责他。

维努亚大怒，命令政府军向群众开枪。

但这些士兵们都站着不动。维努亚气急败坏，抽出大刀大声下令：“谁不听命令我就砍掉他的脑袋！”可是仍然没有人服从他的命令。

突然，一个士兵高喊：“我们不能杀自己人！”其他士兵也高呼：“对！不打自己人，枪口一致对外！打倒普鲁士人！”于是他们立刻逮捕了维努亚，加入了国民自卫军。

· 国际歌 ·

巴黎公社失败后，很多革命者被迫流亡国外，其中公社战士鲍狄埃在公社失败后的第二天就满怀悲愤地写下了一首动人的诗篇，这就是《国际歌》的歌词。但是由于反动敌人的迫害，这首诗一直拖到 1887 年才被收入到鲍狄埃的诗集中。一年后，工人作曲家狄盖特读了这首诗，激动万分，他花了整整一个晚上给它谱上了曲。后来他在 6 月 23 日这一天正式演出了这首歌，引起了轰动，随后便出版发行。《国际歌》出版不久，就因为它的政治内容而遭到迫害，但是禁令是禁不住它的，《国际歌》很快便唱遍了全球，成为每一个无产阶级喜爱的歌曲。

当天下午，国民自卫军中央委员会决定以武力还击反动政府。人们从四面八方攻入市中心，与反动政府展开了殊死搏斗。临时政府首脑梯也尔见大事不好，急忙跳上一辆马车，飞快地逃到巴黎西南的凡尔赛去了。其他的政府官员一见总理跑了，也都纷纷出逃。晚上 10 点左右，国民自卫军占领了空无一人的市政厅。两名身手矫捷的战士爬上市政厅大厦，升起一面鲜艳的红旗，巴黎人民的武装起义取得了胜利。

3 月 28 日，20 万巴黎民众聚集在巴黎市政厅前的广场上，欢呼巴黎公社——世界上第一个无产阶级政权成立。

巴黎公社发布法令，撤销旧军队、旧警察，由国民自卫军代替。立法、司法和行政权力由公社成立的 10 人委员会统一行使。巴黎公社宣布实行民主选举，实行政教分离、信仰自由的政策，将逃亡资本家的工厂交给工人管理。

梯也尔逃到凡尔赛后，手下只有 2 万残兵败将，根本无法与巴黎公社对抗。于是他秘密派代表去见俾斯麦，低三下四地请求他释放俘虏来增强凡尔赛政府的力量。俾斯麦也非常敌视巴黎公社，他同意了凡尔赛政府的请求，释放了 10 万法军俘虏，并表示允许法军穿越普鲁士军的阵地，从北面进攻巴黎。

1871 年 5 月 20 日，凡尔赛军向巴黎发起了猛攻。面对数倍于己的敌人，巴黎公社的勇士们毫不畏惧，奋起抵抗，越战越勇。但随着战争的继续，由于缺乏统一的指挥和防御的失误，形势对巴黎公社军越来越不利。

由于起义军战士的顽强抵抗，凡尔赛军不知虚实而不敢贸然入城。但第二天中午，一个叛徒偷偷跑出城去，向凡尔赛军报告了城中的情况。就这样大批凡尔赛士兵疯狂地冲进了巴黎。公社战士与凡尔赛军展开了激烈的巷战。他们发誓：人在街垒在，只要还有一口气，决不让敌人越过街垒！

经过5天的血战，在优势装备和数倍于己的凡尔赛军的疯狂进攻下，公社战士防守的各个街区相继失陷。5月28日，敌人占领了公社战士最后一道防线——拉雪兹公墓，200多名公社战士全部阵亡，存在了72天的巴黎公社失败了。

法拉第发现电磁感应

法拉第

他发现了电磁感应现象，使电规模化使用和成为清洁、便宜的动力成为可能。

工业革命的迅速展开促使人类社会的发展进入快车道，在机械、能源等工业蓬勃发展之时，电气领域也在悄悄酝酿着一场革命。

先是1800年，丹麦的奥斯特发现电可以产生磁的效应，接着是法国人毕奥和萨伐尔毕发现奥—萨伐尔定律，然后有了德国物理学家欧姆在1825年发表的欧姆定律，揭示了导线中电流和电位差的正比关系。一系列重大发现为电磁感应铺平了道路，最终法拉第完成了这一历史使命。

法拉第，1791年9月22日出生于英国的一个铁匠家庭，像与他同时代许多发明家、科学家一样很少受教育。法拉第一生中，仅仅在11岁时上过一年小学。13岁时，他到一家文具店打杂，因为做事认真，成为订书学徒。与众不同的是，这个只读过一年书、知识有限的孩子，却对读书有着浓厚的兴趣。他在工作之余，阅读了大量图书，而这也得到了老板热心的鼓励。法拉第在这家店里做了 7 年工，对化学的兴趣渐渐浓厚起来。

1812 年的一天，店里的一位顾客送给法拉第一张皇家学术演讲会的门票，主讲人是当时著名的科学家、伦敦皇家学院的化学教授戴维。在听完了戴维的演讲后，法拉第带着听演讲时做的笔记拜见了戴维，请求他给自己一份实验室的工作。不久，他被聘用为戴维的助手。1813 年，戴维夫妇去欧洲大陆游历，法拉第作为秘书随行。这次游历持续了 18 个月，法拉第遇见了许多著名的科学家，如安培、伏特等，深深受到了他们的影响。返回伦敦后，法拉第开始了自己的研究工作，他只要听完教授们的演讲，就马上实地实验，并分门别类地做了详细的实验笔记。到 1860 年前后法拉第的研究活动结束时，他的实验笔记已达到 1.6 万多条，他仔细地依次编号，分订成许多卷，这时他过去当装订工时学会

工作中的法拉第

法拉第将他的一生都贡献给了伦敦皇家研究院，正是在这里，他做出了那些举世闻名的重大发现。他曾经建造了一个巨大的钢铁笼子，带着他的实验器材走了进去，而他的助手再给这个笼子导上 10 万伏特的电流，电流产生的火花在笼子周围噼啪作响，但是法拉第知道他自己是安全的，因为电流只是在笼子的外表层。这种导电的安全的装置现在被称为法拉第茧。

的高超技能派上了用场，这些笔记以及其他在装订成书以前或以后的几百条笔记，都已编成书分卷出版，其中最著名的就是《电学实验研究》。

1821 年，法拉第与令自己一见倾心的沙娜结婚，两人生活得非常幸福。在大约 1830 年以前，法拉第主要是一位化学家，那时他已成为很有成就的专业分析化学和实验顾问，他把自己的丰富经验总结为一本 600 多页的巨著《化学操作》，于 1827 年出版。

受到奥斯特电可以产生磁的启发，法拉第从 1822 年就着手研究把磁转化为电的问题。他先设计了如下实验装置：装置的两端中间以导线连接，并设置一个开关，左端为电源（伏打电池），右端为电流指示器。然后进行实验：接通电源（合上开关），电流指示器指针明显偏转，但很快又恢复到原位。断掉开关，切断电源指针也同样发生偏转，既而复原。实验表明，在“开”“关”的时点，指针各发生一次偏转，但都不能保持。法拉第进而用永久磁铁加以验证。1821 年 10 月 17 日，他完成了一个具有决定意义的实验：取一个圆纸筒，在上面绕 8 匝铜线圈，再接到安培计上。然后将一条形磁铁从线筒一端放入，发现安培计指针偏转，又将磁铁从另一端抽出，指针再次偏转，只是方向相反。这便是发电机的基本原理，今天各种复杂的发电机都是根据这一原理设计制造的。

在总结实验的基础上，法拉第进行了理论分析，他运用的磁力线概念对所谓的“电磁感应”进行解释——感应电流的产生是由导体切割磁力线所致，电流的方向则取决于磁力线被切割的方向。为了便于现实中的操作，法拉第还以左、右手拇指与其他四指的位置特点和依据设定了左手法则和右手法则，至今我们仍在使用。1838 年，法拉第又解释了从负电荷或正电荷发出的电力线的感应特点。

法拉第并不满足于已有的贡献，而是进一步将研究领域扩展到电解的规律。在这一过程中，他发现了两个重要的比例关系：由相同电量产生的不同电解产物间有当量关系，电解产物的数量与所耗电量成正比。这两个规律后来称为法拉第电解定律，在电学工业领域获得广泛应用。

法拉第发现电磁感应定律和电解定律之后，一时名扬四海，但他仍然孜孜以求，在物理学领域默默耕耘。他澄清了各种关于电的说法，发现贮存电的方法，继而发现法拉第效应。

法拉第发现的电磁感应原理，连同他的其他贡献共同构成了发电机、电动机发明的基础，使人类从蒸汽时代疾步跨入电气时代。

达尔文环球考察

达尔文，1809 年生于英国的一个医生家庭，8 岁时，进入教会学校读书。此时的他，不仅毫无过人之处，而且连日常的诵读都感到困难。他的爱好也与一般儿童不同，他喜欢收集邮票、画片、矿石、钱币等东西，对动植物也有很大的兴趣。9 岁时，他进入一所文法学校读书，学习成绩平平，但更专注于以前的兴趣，以至于老师甚至父母都认为他只是一个平庸的孩子。16 岁时，他被父亲送到爱丁堡大学学医，但他对于授课内容没有什么兴趣，在两年后转往剑桥大学学习神学，父亲希望他将来成为一个“尊贵的牧师”。可是，达尔文偏偏对生物感兴趣。有一次，达尔文在老树皮中发现了两只奇特的甲虫，他左右手各抓住一只，兴奋地观看起来。突然，树皮里又跳出一只甲虫，达尔文措手不及，就把一只甲虫放在嘴里，伸手又抓到了第三只。哪知嘴里的那只甲虫突然吐出一股辛辣的汁液，把他的舌头蜇得又麻又痛，他这才把口中的虫子吐了出来。后来，人们为了纪念他首先发现的这种甲虫，就把它命名为“达尔文”。

在剑桥的三年里，达尔文与地质学教授塞奇威克和植物学教授亨斯罗结识，更加喜欢对自然界的观察和研究，而对神学的学习却没什么进展。当读了洪堡的《南美洲旅行记》和赫胥黎的《自然哲学导言》之后，他已经立志要投身于自然科学研究了。

·达尔文的斗犬·

《物种起源》出版后，很多科学家都站在达尔文一边为他摇旗呐喊，其中赫胥黎是最积极的一个，他自称“达尔文的斗犬”，随时准备攻击任何反对进化论的人。赫胥黎是第一个提出人是由猿进化而来的人，一次在和英国教会的辩论中，一个教士不怀好意地问他：“请问赫胥黎先生，到底你爷爷那边是猴子呢，还是你奶奶那边是猴子？”台下支持神创论的人顿时拍手叫好，他们以为赫胥黎这下总该无话可说了。但赫胥黎却强忍着怒气回答道：“我从来都不为自己是猴子进化来的而感到羞耻。相反，那种以无知为光荣的人才是最可耻的！”那个教士顿时哑口无言，赫胥黎赢得了辩论的胜利。在赫胥黎等人的推动下，进化论传遍了世界各地，逐渐成为生物学的一个重要分支。

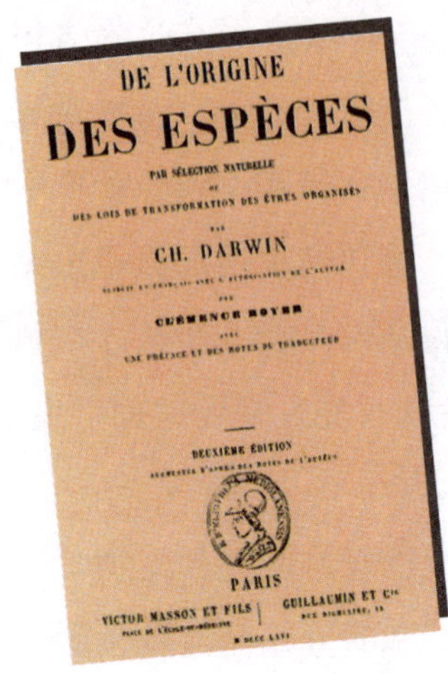
DE L'ORIGINE

DES ESPÈCES

PAR SÉLECTION NATURELLE

CH. DARWIN

DEUXIÈME ÉDITION

PARIS

VICTOR MASSON ET FILS

GUILLAUMIN ET Cie

《物种起源》书影

1831年达尔文大学毕业，经亨斯罗的推荐，以博物学家的身份参加了英国政府组织的“贝格尔”号军舰的环球考察，开始了漫长而又艰苦的环球考察活动。达尔文每到一地总要进行认真的考察研究，采访当地的居民，采集矿物和动植物标本，挖掘生物化石，收集没有记载的新物种，积累了大量资料。

“贝格尔”号到达巴西后，达尔文攀登安第斯山进行科学考察。当爬到海拔4000多米的高度时，他意外地在山顶上发现了贝壳化石。达尔文非常吃惊：“海底的贝壳怎么会跑到高山上了呢？”经过反复思索，他终于明白了地壳升降的道理。

达尔文还敏锐地觉察到了物种在不同地区的变化状况，逐渐对《圣经》中关于人类起源的说法产生了怀疑，并萌发了生物进化论的思想。

这次环球考察在1836年10月结束。结束了旅行，达尔文忙着整理带回来的标本和笔记资料，不经意间，他接触到了马尔萨斯的《人口论》一书。书中提到人口的增长速度要远远快于粮食的增加速度，只有依靠瘟疫和战争等灾难性因素抑制人口过快增长，才能缓解人口与粮食之间的矛盾。这其实言明了种内竞争的必要性，为达尔文进化论思想形成提供了依据。

达尔文在“贝格尔”号环球考察的基础上，又受到马尔萨斯人口论的影响，经过大量的科学推理和综合分析，关于生物进化思想逐渐成熟起来。终于在1859年发表《物种起源》一书，在学术界引起轩然大波。

达尔文的进化论思想可以概括为以下几个方面。首先是遗传和变异。他指出，遗传和变异普遍存在于各物种当中，进而推动各种生物进化或灭绝。而遗传和变异也相互作用，有的变异遗传给后代个体，而有的变异就不能，分别称为一定变异和不定变异。关于变异的诱因，达尔文认为是生存环境的变迁、器官的使用程度等。

其次是自然选择，即所谓物竞天择，适者生存。其实，“自然选择”概念是受了种畜场“人工选择”的影响而提出的，即人工选

“贝格尔”号的航行

1831 ~ 1836年，达尔文乘坐专门用于科学探险的“贝格尔”号环游世界，他利用船靠岸的机会研究各地的植物和动物，包括太平洋上的加拉帕戈斯群岛。他在各地挑选带回欧洲的物种的时候，已经开始形成他的进化论了。

择是根据人的需要，而自然选择就是根据自然的需要。达尔文通过观察发现大多数生物繁殖过剩，而这些新生个体在残酷的生存竞争中，只能接受自然条件的选择，适者生存。

再次是性状分歧、种形成、绝灭和系统树生产。生活实践告诉人们，各种动植物可以从一个共同的原始祖先，经过人工选择，从而形成众多性状各异的品种。

在自然界中，这个道理依然适用，一个物种会由于生存条件的差异，形成许多变种、亚种和种。时间久了，同一物种内的亲缘关系，会像一株枝杈众多的大树，即称为系统树。

《物种起源》一书近乎完美地表述了达尔文的进化论思想，对日后的生物学发展具有重要意义，达尔文也因此享誉世界。剑桥大学授予他“法学博士”的称号，并为此举行了隆重的会议。1878 年，他被选为法国科学院植物学部通讯院士，同年又被选为柏林科学院的通讯院士。

1882 年 4 月 19 日，达尔文在家中去世，享年 73 岁。送葬时，著名科学家胡克、赫胥黎、华莱士，皇家学会主席拉卜克等人亲扶灵柩。他被安葬在威斯敏斯特大教堂，与牛顿等名人长眠在了一起。

正在做实验的巴斯德

巴斯德是法国著名的化学家和生物学家，他通过多次实验发现了物质变酸的原因，为后来在医学上确立热消毒法奠定了基础。

巴斯德发现病菌

路易·巴斯德，1822年出生在法国的多尔，是近代著名的化学家和微生物学的奠基人。巴斯德家境贫困，靠半工半读于21岁考入巴黎高等师范学院，专攻化学。早期一直致力于晶体结构方面的研究，并取得相当的成就。1854年以后，巴斯德逐步转入微生物学领域。

人们很早就在日常生活中，发现做好的饭菜和奶制品等放久会变酸的现象，但不知到底是什么原因使其发生这样的变化。巴斯德于19世纪50年代投入这一问题的研究，他以牛奶为实验对象，准备一份鲜奶和一份变酸的奶，然后分别从中取出少量放到显微镜下观察，结果在两个样本中发现同一种微小的生物，即我们今天所谓的乳酸菌。区别仅在于所含细菌数目不同，鲜奶中的乳酸菌数量明显少于酸牛奶。接着，巴斯德又对新酿造的酒和放置一段时间已变酸的酒进行类似的实验，在两种酒中也发现同样的生物——酵母菌，而且前者所含细菌少于后者。他经过进一步分析、研究，最终确认无论是牛奶还是酒变酸都是因为细菌数量的增加和活动的加强所致。巴斯德把这类极小的生物称为“微生物”，并且以乳酸菌和酵母菌作为它们的代表，对其生活习性、营养状况、繁殖特征等方面进行了深入分析。1857年，巴斯德关于微生物的第一个成果《关于乳酸多酵的论文》正式发表。此文标志着一个新的生物学分支——微生物学诞生。

微生物学自诞生之日起，就立足于为生产实践服务。1863年，

巴斯德在实验室工作

巴斯德是个技术精湛的实验者，有着强烈的求知解难之心而又善于观察，他全心献身于科学和将科学应用于医学、农业和工业的事业上。

巴斯德发明防止葡萄酒变酸的高温密闭灭菌法，后来称之为“巴斯德灭菌法”。在研究解决丝蚕病的过程当中，他对致病菌有了进一步认识，从而在19世纪60年代末提出了病菌学理论，这引起了一些临床医学家的注意。当时的许多外科手术过程非常顺利，但是术后病人死亡率居高不下。英国名医李斯特意识到这可能与创口感染病菌有关，遂用巴斯德灭菌法对手术器械和场所消毒灭菌，此举使其术后病人死亡率从45%骤降至15%。

进入19世纪70年代以后，达内恩医师受巴斯德灭菌法的启发，发明了碘酒消毒法，后来美国的霍尔斯特德和英国的亨特又开医学戴消毒手套和口罩的先河，这些灭菌法和防菌法至今仍在外科手术领域广泛应用。

巴斯德在开创微生物学之后，更大贡献在于免疫学方面的研究。病菌侵入人体就会使人产生抗体，那么要是让失去毒性的病菌进入人体，使之产生抗体以杀灭后来侵入的有毒病菌，不就可以达到免疫效果吗？

路易·巴斯德在这方面进行大量探索，其中最值得一提的是其培育的狂犬病疫苗。1880 年，巴斯德收集了一名狂犬病患者的唾液，将其兑水后注射到一只健康的兔子身上。一天以后，兔子死去，他再把这只兔子的唾液接种给另外一只健康兔，它也很快死去。巴斯德在显微镜下观察死兔的体液，发现一种新的微生物，进而用营养液加以培养，再将菌液注射到兔和其他动物体内，毒性再次发作。他在观察这些染病动物的体液时发现了与培养液中相同的微生物，巴斯德初步确认是这种病菌（其实是病毒）导致狂犬病，于是对这类病菌用低温（0℃ ~ 12℃）的方法减毒，后又用干燥的方法再次加以减毒。过了一段时间后，经实验发现其毒

·巴斯德战胜鸡霍乱·

鸡霍乱一直是困扰鸡农的一个大难题，巴斯德作为细菌专家，义不容辞地担负起克服这个难题的重任。他将霍乱菌注射到鸡体内，然后又将霍乱菌取出来，再注射到别的鸡体内，想通过这种方法减弱霍乱菌的毒性，最后让鸡产生免疫力，从而预防鸡霍乱。但是不管做了多少次实验，鸡还是一批批地死去。后来，他无意中发现了一瓶被遗忘的鸡霍乱培养液，将其注射到鸡体内后，鸡竟然产生了免疫力。原来霍乱菌放置越久，毒性就越小，巴斯德就这样找到了战胜鸡霍乱的方法，从而给全世界的鸡带来了福音。

性已不能使动物致病，可以用来免疫。1885 年 6 月，巴斯德第一次使用减毒疫苗治愈了一名患狂犬病的男孩。从此，狂犬疫苗进入实用阶段。

在战胜了狂犬病之后，巴斯德被誉为与死神抗争的英雄。为了表彰其在微生物学领域的杰出贡献，巴黎建立了巴斯德学院，该学院后来为推进微生物学的发展起了重要作用。

诺贝尔与诺贝尔奖

诺贝尔，全名阿尔弗雷德·伯纳德·诺贝尔，1833 年 10 月 21 日出生在瑞典首都斯德哥尔摩。幼年的诺贝尔家境贫苦，但受作为发明家的父亲的影响，热衷于发明创造。

在诺贝尔 9 岁的那一年，父亲带他去了俄国，并为其聘请了家庭教师，教授小诺贝尔数、理、化方面的基础知识，为他打下了基础。同时，诺贝尔在学习之余在父亲开的工厂里帮忙，这使他的动手能力进一步增强，并具备了生产和管理方面的知识和经验。

当时由于工业革命的开展和深入，刺激了能源、铁路等基础工业部门发展。为了提高挖掘铁、煤、土石的速度，工人频繁地使用炸药，但当时的炸药无论是威力，还是安全性能都不尽人意。意大利人索布雷罗于 1846 年合成了威力较大的硝化甘油的威力，可惜安全性太差。那时又盛传法国人也在研制性能优良的炸药，这一切促使诺贝尔的注意力转移到炸药上来。

1859 年，在家庭教师西宁那里，诺贝尔第一次见识了硝化甘油，西宁把少许硝化甘油倒在铁砧上，再用铁锤一敲便诱发强烈的爆炸。诺贝尔对硝化甘油做了进一步分析，发现无论是高温加热还是重力冲击均可以导致其爆炸，他开始为寻求一种安全的引爆装置而努力。经过无数次实验，最后他发现若是把水银溶于浓硝酸中，再加入一定量的酒精，便可生成雷酸汞，这种物质的爆炸力和敏感度都很大，可以作为引爆硝化甘油的物质。

用雷酸汞制成的引爆装置装到硝化甘油的炸药实体上，诺贝尔亲自点燃导火索，只听“轰”的一声巨响，实验室的各种器物到处乱飞，他本人也被炸得血肉模糊。从废墟中爬出来他用尽最后一点气力说：“我成功了。”然后就昏过去了。科学的进程是如此悲壮！不管怎样，雷酸汞雷管发明成功，他在1864年申请了这项专利。很快，诺贝尔的发明传播开来，用于开矿、筑路等工程项目中，大大减轻了工人们的挖掘强度，工程进度也快了许多。但世界各地的爆炸事故层出不穷，有些国家为此甚至禁止制造、运输和贮藏硝化甘油，这给诺贝尔的事业带来极大的困难。经过慎重考虑，诺贝尔决定赴美国加利福尼亚就地生产硝化甘油，并研制安全炸药。在试验中，他分析了一些物质的性质，认为用多孔蓬松的物质吸收硝化甘油，可以降低危险性，最后设定25%的硅藻土吸收75%的硝化甘油就可形成安全性很高的猛炸药。

诺贝尔

他发明的安全炸药为人们在生产领域提供了很大的方便。但它的另一个副作用就是促进了战争的升级。

威力强劲、使用安全的炸药的出现，使黑色火药逐步退出了历史舞台，堪称炸药史上的里程碑。诺贝尔在随后的几年里，又发明了威力更大、更安全的新型炸药——炸胶。1887 年，燃烧充分、极少烟雾线碴的无烟炸药在诺贝尔实验室诞生了。

循着威力更大、更安全和更符合人的需要的原则，诺贝尔为人类的进步做出了杰出的贡献，受到后人的尊敬。

1896 年 12 月 10 日，伟大的科学家诺贝尔去世。遵照其遗嘱，他的大部分遗产（约 900 万美元）作为设立诺贝尔奖基金，每年提取基金的利息，重奖为人类进步事业做出重大贡献的后人。诺贝尔在他的遗嘱中明确，获奖的唯一标准是其实际成就，而不得有任何国籍、民族、肤色、信仰等方面的歧视；奖金每年颁发一次，授予前一年中在物理学、化学、医学等 3 个领域里“对人类做出最大贡献的人”。该奖于 1901 年 12 月 10 日，即诺贝尔逝世 5 周年纪念日首次颁发，至今已有超过 500 人获此殊荣。后来还增加了文学、和平等奖项。诺贝尔临终设立此奖，是其对人类科学文化事业的进步的又一重大贡献，永远值得后人景仰。

爱迪生

爱迪生是世界历史上最有成就和最伟大的发明家。他的 1000 多项发明几乎每一项都与人们的日常生活息息相关。他的发明彻底改变了人们的生活方式。今天，几乎在我们日常生活中所用的每一种电器都有爱迪生的影子。

“发明大王”爱迪生

爱迪生一生只接受过 3 个月的正规教

育，他成功的秘诀就是勤奋和恒心。他为了发明电灯，先后试验了 6000 种纤维材料，找到了碳化竹丝做耐热材料，最后发展到钨丝灯，前后用了近 20 年的时间。

这位发明大王是人类最伟大的发明家之一，一个人有 1000 多项发明在人类历史上实属罕见。

爱迪生，1847 年 2 月 11 日出生在美国俄亥俄州的米兰镇，在家中是最小的孩子。父亲是木匠，母亲是教师，家境很差。

爱迪生发明的灯泡

爱迪生在小学当了 3 个月的笨孩子之后，就被母亲带回家，开始了“半工半读”的生活，即白天跟父亲做木工活，晚上跟母亲学文化。爱迪生聪明勤奋，这样的培养方式一方面使他有一定的知识功底，另一方面还提高了动手能力。爱迪生小小年纪，就在自己家中的地窖里搞起各种小实验。

19 世纪 70 年代，第二次科技革命已经展开。各种发明创造层出不穷，但如何记录人类的声音呢？最后爱迪生解决了这个问题——留声机。启发爱迪生发明留声机的灵感源于他发明碳粒电话受话器的实验过程。在实验中，他偶尔发现随着人说话声的高低错落，接触在膜片上的金属针也跟着有规则地振颤。这时他突然想到把这一过程倒过来，就可以复制声音。于是爱迪生把锡箔纸卷在带螺纹的圆筒上，圆筒下有一层薄铁皮，铁皮中央装上一根短针。当他用钢针滑动锡箔纸，果然就发出了声音。爱迪生按这一原理设计制造了世界第一台会说话的机器，后来人们称之为留声机。

·门捷列夫·

元素周期律的发现者门捷列夫（1834 ~ 1907 年）是俄国化学家、教育家。1855 年毕业于圣彼得堡中央师范学院，1859 年被送往德国深造，回国后任彼得堡工业学院和彼得堡大学教授。1869 年，他发现了后来成为自然科学基本定律的化学元素周期律，并据此预见了 12 种尚未发现的元素。1868 ~ 1870 年，他写成《化学原理》一书，最先用周期律的观点系统地阐明了无机化学的基本原理。

科学家是不容易满足的，爱迪生更是如此。就在留声机在博览会展出时，他又开始对另一问题着迷——用电照明。

虽说当时已出现了电弧灯，但它需要 2000 块伏打电池做电源，而且光线灼眼，照明时间也很短，不适于日常使用。于是，爱迪生开始了新一轮的攻坚战，他几乎把家搬到实验室，吃饭、睡觉都在那里。最后，他把注意力锁定在灯丝上。他先后试着将硼、钌、铬等金属和碳化的棉线做灯丝，由于氧化作用，这些灯丝均被烧断。爱迪生又实验了数千种材料做灯丝都归于失败。最后，他发现抽净灯泡中的空气以后，再用碳化竹丝做灯丝，可以维持 40 个小时。爱迪生终于在 1879 年 10 月 21 日发明家用电灯，电灯取代了煤气灯为广大民众所接受。

爱迪生发明电灯以后，一时声名鹊起，成了公众人物。他却不为所动，又开始考虑如何利用人的视觉暂留现象设计一种可以迅速连续拍照的摄影机，然后把这些照片依次迅速地展现在人的面前，给人的感觉就好像是在看运动的景物或物体。在这一思路指导下，爱迪生又利用他人发明的感光软片，很快制成了摄影机。之后，他又制成了可以连续播放胶片的放映机。至此，爱迪生又完成了他的另一发明“留影机”，电影也随之产生。

爱迪生一生的发明成果极其丰富，除了留声机、电灯、留影机之外，还有1000多项专利。爱迪生经过艰苦卓绝的努力，在发明领域做出巨大成就，为人类进步事业做出巨大贡献。

1929年10月21日，在电灯发明50周年的时候，人们为爱迪生举行了盛大的庆祝会，爱因斯坦和居里夫人等著名科学家纷纷向他表示祝贺。1931年10月18日，爱迪生因病逝世，享年84岁，就在他辞世之前，他还完成了苦心研究的人造橡皮。

“五一”国际劳动节

每年5月1日，全世界的劳动者都要纪念他们自己的节日——“五一”国际劳动节。

19世纪80年代，欧美各资本主义国家经济高速发展，随之而

早期的矿山工作环境极其恶劣，许多工人在高强度的劳动之下，过早地死去。

来的是资本家的残酷剥削。在美国，工人们每天要工作 14 ~ 16 个小时，有的甚至达到 18 个小时。工人们在长时间、高强度的劳动下，仍然无法达到温饱水平。忍无可忍的工人们联合起来，同资本家展开了坚决的斗争。工人们提出缩短劳动时间，改善工作环境的合理要求，并希望政府能够以立法的形式明确 8 小时工作制。但他们的合理要求遭到了政府的蛮横拒绝。当时的美国总统说:“我不认为 8 小时工作制符合宪法，世界上没有一种力量能使我做出违反宪法的事。”

工人们被激怒了。1886 年 5 月 1 日，芝加哥、纽约、波士顿、费城等城市的工人举行大罢工，纷纷走上街头抗议，大约有 35 万人参加了罢工示威活动。工人们举着红旗，高唱着《8 小时的歌》:

19 世纪后半叶美国南北战争结束，经济上得到迅速发展，图为大西洋城海滨的热闹景象，然而这样的繁荣却是建立在对工人阶级的剥削的基础上。

我们要把世界改变，我们厌倦了无休止的劳动，只能得到糊口的工资，没有时间让我们思考。我们要晒太阳，我们要闻花香。我们相信上帝也允许 8 小时工作制，我们从车间、农场和船坞，召集我们的队伍，争取 8 小时工作、8 小时休息、8 小时归我们自己。

“8小时工作、8小时休息、8小时归我们自己”成了当时一句响亮的口号，工人们抽着“8小时牌香烟”，购买“8小时牌皮鞋”。这句口号从美国传到了全世界，得到了世界人民的广泛支持。

5月3日，芝加哥麦考米克收割机厂的资本家雇用了300多名替工者准备进入工厂工作，与守在门口的1400名打工者发生了激烈冲突。警察在没有发出任何警告的情况下悍然对工人开枪射击，打死了4名工人，多人受伤。

当天晚上，3000多名工人聚集在芝加哥市的广场上举行大规模的示威，抗议警察的暴行，哀悼死难的工人兄弟。正在这时，一队全副武装的警察冲进会场，用武力驱赶工人，工人们奋起抗争，会场秩序一片混乱。就在这时，一个别有用心的人向人群中扔了一枚炸弹，炸死了1名警察、4名工人，另外有多人受伤。警察立即向群众开枪，打死打伤了200多名群众，并逮捕了很多工人。

在没有任何证据的情况下，芝加哥法院起诉8名工人领袖，判处7人死刑，1人15年徒刑。工人领袖斯庇斯在法庭上慷慨陈词:“如果你们以为绞死了我们就可以扑灭工人运动，就可以平息那些在贫困和悲惨的劳动中千百万工人心中的怒火的话，那就绞死我们吧！你们可以扑灭一个火花，但在你们四周，会燃起更多的火花，这是来自地底的烈火，你们是无法将它们扑灭的！”

美国的很多知名人士和欧洲各国的很多要人都纷纷给伊利诺伊州州长写信和打电报。德国著名的工人运动领袖威廉·李卜克内西和马克思的女婿爱德华·爱威林都亲自到狱中探望被关押的工人领袖。世界各国的工人纷纷举行集会，向美国提出强烈抗议。在巨大的压力下，州长被迫只判处其中4人死刑。

到了行刑的那天，工人领袖费希尔平静地说：“今天你们让我们窒息，让我们的声音消失，但我们在坟墓中的沉默将会使更加雄辩的时刻即将到来。”几十万芝加哥工人参加了他们的隆重葬礼，他们高唱《马赛曲》，很多人留下了热泪。

这次事件之后，美国有十几万工人争取到了8小时工作制，其他工人的工作时间也大大缩短了。很多资本家被迫宣布星期天放假。

1889年7月14日，在巴黎召开的世界各国社会主义者代表大会上，有的代表提出要把1886年5月1日定为斗争日，号召全世界的工人们在每年的5月1日都要举行大规模的示威游行，要求政府实行8小时工作制。

1890年，在巴黎召开的第二国际成立大会上，通过了一项决议，规定从今以后每年5月1日各国工人都要举行示威游行活动。“五一”国际劳动节从此诞生，成为全世界劳动者的光辉节日。

三国同盟

进入19世纪后期，第二次工业革命开始兴起，科学技术突飞猛进，社会生产力得到了极大的提高，人类进入了电气时代。欧洲各国的工业和经济再次跨上了一个台阶，逐渐形成了垄断资本主义，各国开始向帝国主义过渡。但它们之间的发展是不平衡的，英、法等老牌资本主义国家发展速度较慢，而新兴的美国、德国发展速度很快，成为世界排名第一、第二的资本主义工业大国。由于帝国主义国家之间的发展不平衡，它们之间的矛盾也在加剧。各国为了自己的利益，纷纷寻找对策。

结成同盟的三国君主画像

普法战争后，为了防止法国东山再起，德国首相俾斯麦勒索了法国50亿法郎的巨额赔款，并且强行割走了矿藏丰富的阿尔萨斯和洛林地区，企图让法国“流尽血”。德国凭借着这些资源和资金，迅速跃升为世界第二工业大国。但出乎俾斯麦意料的是，法国人卧薪尝胆，奋发图强，不仅没有一蹶不振，反而恢复了元气。法国人为了报仇雪耻，在不断扩充军备的同时，还四处寻找盟友，共同对付德国。

面对法国咄咄逼人的复仇计划，德国人没有坐以待毙，俾斯麦也开始四处拉拢盟友，对抗法国。

恰好这时，奥匈帝国和俄国在巴尔干问题上发生了争吵。原来两国都对巴尔干半岛上的波斯尼亚和黑塞哥维纳地区垂涎三尺，俄国凭借着强大的实力，四处宣扬“大斯拉夫主义”（波斯尼亚和黑塞哥维纳的居民和俄罗斯人同属斯拉夫人），企图把奥匈帝国的势力排挤出去，独占巴尔干半岛。德国不愿意看到俄国过于强大，害怕它威胁德国，再加上德国和奥匈帝国同属日耳曼民族，所以德国在巴尔干问题上支持奥匈帝国。两国联手，开始排挤俄国的势力，使俄国吞并波斯尼亚和黑塞哥维纳的计划落空。为此，俄国对德国怀恨在心。

1879年8～10月，德国首相俾斯麦与奥匈帝国的外交大臣安德拉西在维也纳秘密会谈，缔结秘密军事反俄条约——《德奥同盟条约》。这个条约的主要内容是如果德、奥两国中一国遭到俄国的进攻，那么另一国应以全部的军事力量进行帮助；如果其中一国遭到另一个国家（暗指法国）的进攻，那么另一缔约国应对其盟国采取中立。但如果进攻的国家得到俄国的支持，那么两国应动用全部的军事力量联合作战。如果遭到法国和俄国的联合攻击，那么双方则要共同作战。由此，德国和奥匈帝国正式结盟。

和奥匈帝国结盟后，俾斯麦还不放心，他总觉得力量还有些单薄，于是又把目光投向了意大利。意大利自从1870年统一后，资本主义得到了迅速发展，国家的实力迅速增强。为了扩大自己国家的产品销售市场，意大利急于开拓海外殖民地，首先看上了和自己一海之隔的北非明珠突尼斯。但法国人也想占领突尼斯，两国争执不下。俾斯麦看准了这一点，找上了意大利，表示在突尼斯问题上德国支持意大利。但紧接着他又找到法国，暗示

德国战争机器的开动，靠的是这个国家在19世纪飞速发展的工业。

德国不反对法国人占领突尼斯。法国人喜出望外，于1881年出兵占领了突尼斯。当时在突尼斯有很多家意大利企业和2万意大利侨民，意大利政府早已经把突尼斯当成了嘴中的肥肉，不料却被法国人占领了。可是法国的实力比意大利强大，单凭自己的力量，意大利讨不到什么便宜。这时俾斯麦伸出了橄榄枝，极力拉拢意大利。为了报复法国，丧失了地中海优势的意大利同德国的关系开始密切起来。

但意大利和奥匈帝国有领土争端，两国素来不和。在德国的调解下，两国终于坐到了一张谈判桌上。1882年5月，德国、奥匈帝国和意大利三国在维也纳签订了同盟条约。条约规定，如果意大利遭到了法国的攻击，那么德国和奥匈帝国应以全部的军事力量援助；如果德国遭到了法国的进攻，那么意大利也应以全部的军事力量进行援助。如果缔约国中的一国或两国遭到了两个或两个以上的国家（暗指法国和俄国）的进攻，那么三国要动用全部的军事力量协同作战。但意大利还有一个附加条件：如果英国进攻德国或意大利，意大利则不予援助。就这样，三国同盟正式形成。

印度国大党

印度国大党全称为印度国民大会党，是印度第一个全国性的和最大的民族主义政党。

1885年12月28日，国大党的成立大会在孟买举行。出席大会的大多是民族资产阶级的上层分子、资产阶级知识分子的富裕

1876 ~ 1878 年西印度饥荒中的饥民。在英国殖民者的残酷压榨下，数百万印度人丧失生命。

阶层和农村地主，也有英属印度各省的代表，当然更少不了英籍印度文官休谟，休谟是国大党的创办者之一。

在国大党的开幕式上，大会主席伍梅士·钱德拉·彭纳吉致开幕词，他以极为虔诚的语气说："英国对印度造福无穷，全国都为此对英国表示感激。英国给了我们秩序，给予我们铁路，而最重要的是给了我们欧洲教育的无价之宝……"彭纳吉还提出了国大党在当前的任务：增进各地民族主义人士的友谊和团结，收集受过教育的印度人对重要而迫切的社会政治问题的意见，等等。

倾听的人群起响应，他们都同意这一与英国保持友好的论调，这也正是休谟成立国大党的目的，他想使国大党成为英国殖民者在印度的统治工具。因为印度远离英国本土，如果能有一个效忠于英政府的政党来统治印度，对英国而言极为方便。

成立大会上，各阶层的代表都上台发了言，也无非是一些感谢大英帝国的话。当然，国大党也有自己的奋斗目标，只不过他们的目标不是独立，而是获得参政权。

第一届国大党大会通过了 9 项决议，内容包括成立英国皇家调查委员会，调查印度的行政工作，委员会中应有足够的印度代表，扩大地方和最高立法委员会，削减军费，等等。

初建的国大党只是一个温和的改良主义政党。1890年，国大党主席罗梅希·杜德曾在一次讲话中说："印度人民不喜欢突然的变化和革命。"从建党之初起，国大党的活动即被限制了，只能是在报刊上宣传鼓动一下争取民族平等权的言论，向英国议会呈递请愿书或是召开例行年会等。早期的国大党的主要活动家有达达拜·瑙罗吉、苏伦德罗纳特·班纳吉、戈巴尔·克里希纳·郭克雷、马塔瓦·戈温德·伦纳德等。休谟作为第一任秘书长，在国大党内工作了22年。

在国大党成立后的20年间，它所坚持的始终是第一次大会上通过的那些要求，它虽然揭露了不少殖民统治的弊端，但却宣称会效忠于英帝国。

国大党成立不久，一批出身于小资产阶级、富农或是小地主家庭的激进主义者参加进来。这些激进主义者认为英国的殖民奴役是印度落后的根源，斥责国大党的领导人对英国采取的妥协政策，主

·泰戈尔·

罗宾德拉纳特·泰戈尔（1861 ~ 1941年），印度著名诗人、文学家、作家、艺术家、社会活动家、哲学家和印度民族主义者，生于加尔各答市一个有深厚文化教养的家庭，属于婆罗门种姓。1913年，他凭借宗教抒情诗《吉檀迦利》获得诺贝尔文学奖，是首位获得诺贝尔文学奖的印度人（也是首个亚洲人）。他与黎巴嫩诗人纪伯伦齐名，并称为"站在东西方文化桥梁的两位巨人"。泰戈尔是向西方介绍印度文化和把西方文化介绍到印度的很有影响的人物。

张和英国殖民者做坚决斗争。这些小资产阶级刚一进入国大党便把自己与那些妥协主义者划清界限，称自己为过激派或极端派。

过激派以巴尔·甘格达尔·提拉克为代表人物，提拉克曾公开向印度人民发表群情激昂的讲话，认为“没有一个帝国由于统治者对被统治者自由地给些让步而衰亡”，“自治就是自己统治，要把全部管理权握在自己手里”，所以，提拉克除获得了小资产阶级各阶层的热烈拥护外，也获得了广大印度平民的支持。到 19 世纪末 20 世纪初，提拉克已经成为印度资产阶级民族运动的代表人物。

由于有了过激派的加入，国大党与人民群众的距离开始越缩越短，越来越表现出反对殖民制度的立场。看到国大党的这一转变，英国政府开始变得惊慌起来，攻击国大党“背信弃义”，甚至对国大党成员进行迫害。其实，就算是没有国大党内的过激派，英国殖民者还是不能容忍国大党的存在，因为它不断地对英殖民主义提出过批评和正当要求。

不管怎么说，在印度国大党的坚持下，英国政府还是做出了一些让步，通过了扩大立法会议的法令，对印度立法委员会的组成、权力和职能重新做出规定，等等。1892 年，瑙罗吉参加议会竞选成功，进入了英国下院。

随着形势的发展，国大党也不得不改变路线，提出较为深刻的变革方案，这时候，国大党的领导权便真正地落入激进派的手中。

祖鲁战争

1652 年，荷兰人开始入侵南非，在开普敦建立移民定居点，并以此为中心，逐步向外扩大殖民地。随着欧洲列强的入侵，18世纪末，南非原始社会渐渐瓦解，部落联盟兴起。祖鲁人作为南非土著居民的一支，在恰卞的率领下，把3000多个分散部落统一起来，建立了祖鲁王国。祖鲁人与殖民者之间的矛盾加剧，殖民者之间也相互争斗，英国人两次将荷兰后裔布尔人赶出开普敦，占据了整个南非。布尔人被迫逃亡，对于祖鲁人来讲，却是布尔人的一次掠夺性入侵。

布尔人所到之处，不仅祖鲁的土地被抢占，人们还成为布尔人的奴隶。祖鲁人反抗的吼声愈来愈强烈，1838年2月，祖鲁国王于干为惩治布尔人野蛮残酷的行径，下令四处搜寻并袭击逮捕布尔人，处死300余人。

布尔人立即请英国殖民军援助，两支其他地方的布尔人队伍也赶来支援。愤怒而英勇的祖鲁人各个击破。援兵遭到重创，势力大为削弱，四散逃窜。

在南部非洲的祖鲁战争中，进攻的英军用军刀开路。

被赶跑的布尔人残部不甘心就此罢手，遂重新聚集。1838 年 11 月 20 日，布尔人组织一支 500 人、57 辆牛车和 2 门火炮组成的军队，在比勒陀利乌斯的带领下对祖鲁人宣战。

当时，祖鲁人的武器装备还很落后，主要是以矛和盾为兵器，战斗队形以传统的密集方阵、两翼迂回敌人后方围击为战术。他们擅长白刃格斗，在几次的失败中，布尔人比勒陀利乌斯就深有感受。于是他把队伍布置在恩康姆河平阔的河套上，57 辆牛车组成一个环形的车阵，枪炮手位于阵内，牛车的防御使祖鲁人的长矛很难刺入。

凌晨时分，排着密集队形，手持长矛、盾牌的祖鲁人向布尔人发起进攻。握有先进的火枪、火炮等武器的布尔人向祖鲁人射击，祖鲁人大片大片地倒下。祖鲁人并未被吓倒，他们一次次冲锋，一次次被猛烈的火力击退。于干下令两翼迂回从背后袭击，但环形的牛车阵使他们无法与布尔人短兵相接，在布尔人的枪炮下纷纷倒地。祖鲁人伤亡达 3000 余人，损失惨重，鲜血染红了恩康姆河。悲壮而英勇的祖鲁人终因武器的落后不得不撤退，随后遭受连连失败。

1839 年 1 月，于干被迫议和。在布尔人的离间下，于干的弟弟姆潘达发动政变，成为祖鲁国王，他把除纳塔尔最北部外的土地全部让给布尔人。

1843 年，英殖民者吞并了布尔人从祖鲁人手中夺来的土地。

祖鲁人民强烈要求国家的独立和民族尊严。姆潘达之子克特奇瓦约经过政变登上王位，立志改变现状。他首先改变军队的武器装备，利用各种途径购买枪支弹药，并聘请英国专家帮助训练军队，建立骑兵和炮兵。不久，一支强大的、装备可与殖民军抗衡的军队建立起来。

祖鲁国军备的强大，使英殖民者惊恐不安，他们立即要求祖鲁国王解散军队。强硬的克特奇瓦约断然拒绝这一无理要求。英殖民者于1879年1月11日开始对祖鲁国发起进攻，1.3万余殖民军在切尔姆福德勋爵的率领下渡过图格拉河，进逼祖鲁王国。

1月22日，克特奇瓦约率领部队在夜色的掩护下，包围了驻守在伊桑德尔瓦纳山的殖民军。祖鲁人冲进敌营，展开肉搏战。英军因准备不足，人数处于劣势而溃败，祖鲁人趁势收复大片土地。失利的英军调集2万人和大量枪炮支援，7月4日在乌隆迪附近与祖鲁人展开决战。这是一片开阔而平坦的战场，殖民军猛烈的炮火和弹雨使祖鲁人无法形成冲锋，一批批的士兵在枪林弹雨中倒在血泊里，阵形被炮火轰得七零八落。英军骑兵发动猛攻，祖鲁人招架不住，惨败而退，不久后，祖鲁王国被英军攻占。

祖鲁战争给殖民者以沉重打击，在非洲近代历史上和世界人民反殖民主义斗争中都谱写了光辉的篇章。战争虽然失败，但祖鲁人所呈现出的英勇顽强、前仆后继的大无畏精神赢得全世界人民的赞誉。

姆克瓦瓦的头颅

坦桑尼亚是一个美丽的国家，位于非洲大陆的东南部，由坦噶尼喀和桑给巴尔两部分组成。19世纪下半叶，特别是1884年柏

这是一幅出自东非艺术家之手的绘画，描述了武器装备极其原始的武士与德国军官率领的全副武装的雇佣军人（也是黑人）厮杀的场面。地点在德国保护国坦噶尼喀。

林会议召开之后，欧洲各殖民国家加紧了对非洲的占领，坦噶尼喀则成为德国觊觎对象。

1884年底，一支由卡尔·彼得斯率领的德国远征军侵入坦噶尼喀。德军在坦噶尼喀滥杀无辜，甚至连手无寸铁的儿童和妇女都不放过，坦噶尼喀人对这支德国远征军恨之入骨，把彼得斯称为“双手沾满鲜血的人”。彼得斯可不管这些，他根本不把这些弱势的非洲人放在眼里，仍继续在坦噶尼喀为非作歹。

在手拿先进武器的德军面前，坦噶尼喀的酋长们怯懦了，他们与彼得斯签订了12份条约，把15万平方千米的土地拱手让给了德国。彼得斯不由得沾沾自喜，自己没费吹灰之力便骗取了15万平方千米的殖民地，怎么能不让人高兴呢？当然，德皇对彼得斯的这一功劳也给予了奖励。

坦噶尼喀人民没有像其他殖民地的人民那样激烈地抵抗，使德国殖民者的气焰更加嚣张起来，他们在一些港口城市升起了“德国东非公司”的旗帜，把桑给巴尔苏丹的旗帜降了下来。看到桑给巴尔苏丹没什么反应，德殖民当局又派一艘军舰闯进坦噶尼喀的一个港口。

满腔怒火的人民终于被激怒了，他们把德国军舰上的专员们包围起来，想以此迫使德军撤退。事情的发展出乎坦噶尼喀的人们的意料，他们没指望苏丹能给予他们帮助，但是他们更没有想到苏丹竟会派军队来镇压他们，以解救德国专员。

苏丹出卖国家和民族的行径使坦噶尼人忍无可忍，他们聚集到一起，高呼“把殖民者赶出坦噶尼喀”的口号。

·坦桑尼亚·

坦桑尼亚是人类发源地之一，轰动世界的“东非人”头骨就是在这里发现的。1885 年，坦桑尼亚的坦噶尼喀被德国划入势力范围之内，1890 年，桑给巴尔又沦为了英国的保护国。1917 年，英国利用第一次世界大战的机会吞并了整个坦桑尼亚，赶走了德国人。第一次世界大战结束后，坦桑尼亚成为英国的委任统治地。第二次世界大战结束后，联合国将坦噶尼喀作为托管地交给英国管理。经过长期的斗争后，坦噶尼喀于 1961 年 12 月 9 日宣布独立，1963 年 12 月 10 日，桑给巴尔也宣布独立，摆脱了英国的殖民统治。1964 年 4 月 26 日，两个国家组成联合共和国，6 月 29 日，改名为坦桑尼亚联合共和国。

“我们不能再承认出卖国家利益的苏丹的权力了，我们应该推举一位有能力的领导人，带领大家把可恶的德军赶出这块土地。”一位有威望的老者建议道。

“说得对，我们应该选举一位热爱祖国的领导者。”

最后，阿布希里承担起了这一重任，他带领坦噶尼喀人民奋勇抗击德国殖民军。坦噶尼喀人使用的大多是原始的梭镖、木棍等，而德军使用的是先进的现代化武器，两者之间的差距太大了，坦噶尼喀人不断地战败。1885 年的一次战争中，阿布希里被俘后英勇就义。

虽然德国殖民军一度打胜，但他们也不断地意识到，坦噶尼喀人民决不会甘愿受他们统治，要想使统治牢固，只能用武力征服。于是，德殖民当局决定以巴加莫港口为据点，在加强沿海地区统治的同时，逐步地向内地推进。

起先，德国殖民者让一部分人扮成商人模样混到坦噶尼喀，用一些在欧洲已经非常过时的小东西来换取坦噶尼喀人的牲畜或是象牙等物。不明就里的坦噶尼喀人最初对这些德国“商人”带来的东西非常感兴趣，当揭穿了德国人的真面目后，坦噶尼喀人再也不做这种交易了。德国殖民者看到坦噶尼喀人不再上当，便开始使用武力进行掠夺。

阿布希里死后，坦噶尼喀人又推选姆克瓦瓦为首领，在姆克瓦瓦的领导下，坦噶尼喀高举独立的旗帜，继续同德国殖民者进行不屈不挠的斗争。

姆克瓦瓦是赫赫族的酋长，他的王国地处坦噶尼喀腹地，为了与德国殖民军针锋相对，姆克瓦瓦在领地设下重重关卡，这使得德国殖民者的利益大大受损。最后，姆克瓦瓦甚至封锁了商道，使“洋商”们无法通过他的领地。

1891 年，驻坦噶尼喀的德国专员向姆克瓦瓦下达了最后通牒：姆克瓦瓦必须只身前往巴加莫港，而且要带上一把泥土。

“德国人就是这样让我屈服吗？就算是砍去我的头颅，我也决不会投降的。”姆克瓦瓦气愤地派人给德国专员送去了一支表示斗争到底的箭。

德国专员看以“和平”的方式不能让姆克瓦瓦屈服，便亲自率领德国远征军向赫赫族的王国进犯。

“德军来势汹汹，如果硬拼肯定是不会取得胜利的，所以只能智取。”打定主意，姆克瓦瓦让士兵们隐蔽在德军必经之路上，当德军进入埋伏圈后，他命令士兵们冲上前去，用长矛和弓箭射杀德军。片刻工夫，德军便损失了 200 多人，不得已，德国专员只能率残部退回巴加莫约。

1894 年，不甘心失败的德军又调集了大批军队进攻姆克瓦瓦的领地。姆克瓦瓦率领士兵奋起抵抗，但最后还是不得不放弃王城卡伦加。姆克瓦瓦率领余部转入丛林作战，开展游击战争，给德军以出其不意的攻击。

1898 年，姆克瓦瓦由于操劳过度身患重病，身边只有很少的随从人员。一天，他养病的地方突然被德殖民军包围了，姆克瓦瓦很快意识到有人出卖了他。在紧急关头，他首先想到的是，坦噶尼喀人决不能成为德国人的俘虏。于是，姆克瓦瓦举枪自杀。面对姆克瓦瓦的尸体，残忍的德军割下他的头颅，送回柏林去请功——当时德国总督正以 5000 卢比悬赏姆克比比的头颅。

1918年，在第一次世界大战中战败的德国决定从坦噶尼喀撤军，作为对战败国提出的条件，坦噶尼喀人民要求德国归还姆克瓦瓦的头颅。就这样，姆克瓦瓦的头颅终于回到了祖国。坦噶尼喀人民把姆克瓦瓦的头颅安放在一座为此修建的纪念馆里，并把这座纪念馆起名为“姆克瓦瓦纪念馆”。

马赫迪反英大起义

19世纪时，非洲成为欧洲列强瓜分殖民地的目标。19世纪70年代，名义上归属奥斯曼帝国的埃及开始受到英国的渗透，1882年成为英国殖民地。为向非洲内陆实施武力扩张，苏丹成为英国占领埃及后的首选目标。当时，苏丹处在埃及的统治之下，英殖民者以埃及政府驻苏丹官员的名义，在苏丹实施政治控制，加紧对苏丹的经济侵略。苏丹人民受着埃及和英国殖民统治者的双重压迫，民族矛盾日益激化。

1881年，马赫迪发动了反英起义。他以救世主的名义宣传

苏丹人民奋勇反抗殖民入侵

“建立普遍平等、处处公正的美好社会，要消灭不平等，消灭邪恶势力。宁拼千条命，不纳一文税”。处于社会下层、出身贫寒的人民纷纷响应。

马赫迪宣传抗英的消息传到英殖民者耳中，他们便派军队去镇压，遭到起义军的强烈反抗，在阿巴岛之战中，英军被打死 100 余名士兵。这次胜利使起义军的影响迅速扩大，队伍很快发展到近 5000 人。富有军事才能的马赫迪知道自己部队装备差，没有作战经验，就决定以地势险峻的卡迪尔山为根据地，凭借复杂的地形优势与英军周旋。

1881 年 12 月，苏丹总督派拉希德率领 1500 名士兵尾随起义军至卡迪尔山区，追剿起义军。马赫迪设伏围歼，堵死英军进退的路口，将其全部歼灭。次年 4 月，英军派出第二支围剿部队。马赫迪以逸待劳，趁英军长途疲惫，立足未稳，进行夜间偷袭，再次歼灭 3500 人。

接二连三的反围剿胜利，使马赫迪巩固了卡迪尔根据地，起义军迅速扩大到 3 万余人，缴获了大批武器，军事装备大大提高，士兵抗英信心十足。

其后马赫迪率领部队走出山区，向苏丹第二大城市乌拜依德发起进攻，一举攻占该城，震惊了全苏丹。国内的反英斗争形势高涨，英统治者感到危机。英殖民调集 1.2 万余远征军、14 门大炮、6 挺

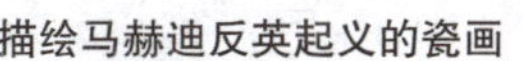

描绘马赫迪反英起义的瓷画

机枪、500 匹战马，在希克斯的率领下向乌拜依德进军。

马赫迪采取坚壁清野的战术，以疲惫敌人、阻滞敌人的前进。在乌拜依德的南面，有片希甘森林，森林中间正好有块空地，马赫迪决定在那里消灭英军。他把部队分成三路，将主力和重武器都埋伏在希甘森林空地的四周，然后派一路小部队迎击英军，诱敌深入，另一路部队在诱敌途中负责迂回英军后方，以夺取英军的辎重。

11 月 4 日，希克斯部队接近乌拜依德地区，他企图对起义军实施突袭，于是命令部队在黑暗的掩护下，连夜隐蔽行军。次日凌晨，希克斯远征军攻至乌拜依德城下，胸有成竹的马赫迪命部队按计划进行。负责诱敌的起义军开始向英军开火，英军迅速组织还击。在英军的猛攻下，起义军溃败，希克斯命部队追击。当英军追至希甘森林空地时，起义军却不见了踪迹。长途跋涉再加上紧张的追赶，使英军疲惫不堪，正要停下喘息，忽然听到四周枪炮齐鸣。希克斯知道中计，但这时他们已被起义军团团围住，以逸待劳的起义军向英军发起猛攻。希克斯在战斗中被打死，全军被歼，与大部队脱节的辎重也被起义军截获。

希甘战役的胜利，促进了苏丹各阶层人民反抗殖民统治运动的发展，起义军实力进一步扩大。1884 年 3 月，起义军包围了苏丹首都喀土穆，并于次年 8 月 26 日攻占该城。英国当局紧急调集大批军队镇压，由于起义军内部分化，1890 年，英军镇压了起义，马赫迪起义失败。

马赫迪起义虽然失败，但它给英殖民者以沉重的打击，使苏丹人民觉醒，促进了国内民族民主联合阵线的形成，为非洲人民反抗帝国主义殖民统治提供了丰富的经验。

东学党起义

19 世纪 70 年代，日本用武力强迫朝鲜政府签订条约，使朝鲜沦为日本的半殖民地。为了满足日本殖民者的欲望，朝鲜政府加紧了对人民的剥削。朝鲜政府的这一做法使朝鲜国内民怨四起，人民的处境越来越悲惨。当时，朝鲜民间流传着这样一首诗歌："金樽美酒千人血，玉盘佳肴万姓膏。烛泪落时民泪落，歌声高处怨声高。"这首诗歌在朝鲜各地广为传唱，是当时社会境况的真实写照。

1893 年，朝鲜发生了饥荒，人们流离失所，挣扎在死亡线上。但是，朝鲜的统治阶级丝毫没有减轻对人民的搜刮，甚至变本加

表现日本军队侵略朝鲜的版画

历。在全罗道的古阜郡，农民因被政府征收水税和杂捐过重，派出代表向郡守请愿。郡守非但没有解决这一问题，还对请愿代表施以酷刑。

农民们愤怒了，他们决定举行起义，当起义的首领被抓住处以死刑后，农民更加愤怒了。

1894年是旧历甲午年，这年年初，古阜一带的农民在全琫准的率领下发动了武装起义，因为这次起义的农民大多是东学党的成员，所以这次甲午农民起义也被叫作东学党起义。起义军打开古阜谷仓，把粮食分给农民，夺取兵器库中的武器，并发布了“辅国安民，逐灭倭夷，灭尽权贵”等斗争纲领。

其实，东学党并不是全琫准创立的，而是由崔济愚在1860年创立。创立之初，东学党宣传人人平等的思想，在朝鲜沦为日本的半殖民地后，又向朝鲜人民宣传反帝反封建的思想。1874年，小官吏出身的全琫准加入东学党，并很快成为东学党的首领。

1894年三月底，朝鲜农民军在白山建立了大本营，全琫准向全国人民发表檄文，号召人民拿起武器推翻朝鲜腐朽政府的统治，

·朝鲜党争·

朝鲜王朝中期，随着官僚阶层的增多，以元老旧臣为首的勋旧派和通过科举考试上台的士林派之间的矛盾日益加剧，两个官僚集团党争不断，严重削弱了朝鲜王朝的实力。不仅这两个派别互相争斗，士林派内部也矛盾重重，先后分裂出大大小小几十个派别，闹得不可开交。整个朝鲜王朝的中后期都是在党争中度过的，即使到了日本侵略时期，党争仍然没有停止。

19世纪初的朝鲜官员与侍者

把日本侵略军赶出朝鲜。

朝鲜人民纷纷响应，很快，起义队伍就发展到七八千人。起义者头缠白布，以古老的竹枪为武器，在自任总大将的全琫准和总管领金开南的率领下冲下白山，给朝鲜政府军和日本侵略军以出其不意的打击。

虽然朝鲜政府对日本侵略军甘愿屈服，但对本国人民的起义可是想尽了办法镇压。然而起义军如破竹之势，政府军哪里镇压得下去？起义军每到一处，都开仓放粮，严惩当地贪官污吏，所以越来越多的人加入其中。

在攻占了南方重镇全州后，全琫准制订了攻打汉城（现改称首尔）的计划。

闻听起义军要攻打汉城，朝鲜国王慌忙召开紧急会议商量对策。

“眼下的情况，我们只能采用缓兵之计，一面假意与起义军谈判，一面去请求大清国援助。”一名狡猾的老臣向国王建议。

“也只好这么办了。”于是，国王一面派专员去与全琫准进行谈判，一面派使臣去中国请求清政府的援助。

全琫准本来不打算与政府和解，但以崔时亨为首的一派坚决反对攻打汉城，而且当时是农忙时节，起义军内大部分的农民归乡心切，在军心动摇的情况下，全琫准只能与政府签订了和约。朝鲜政府表面上接受了起义军平分土地、取消债务的要求，条件是起义军撤出全州。

起义军撤出全州之后，政府请来的清军开进了朝鲜。日本侵略军正找不到进一步占领朝鲜的借口，看到中国军队进驻朝鲜，便也以镇压起义军为由进入朝鲜。

当时，起义军已发展到10万人，而且控制了全国3/5的土地，如果一鼓作气肯定能横扫朝鲜全境，但是，以崔时亨为首的一派人又反对北上，遭到全琫准的驳斥后，崔时亨竟公开分裂起义军，带领一队人马脱离起义军，使起义军的力量减弱。

十月，全琫准率领起义军攻打汉城，路过公州时遭到了日军的反击，由于武器装备相差悬殊，起义军损失惨重。为了保存力量，全琫准率领残部后撤，以等待时机继续作战。不料两个月后，由于叛徒出卖，全琫准和其他的起义军领导人被朝鲜政府军和日本侵略军抓获。

1895年农历三月，全琫准以大逆不道罪被判处死刑。在宣判时，全琫准指着参加审判的日本领事怒斥道：“你们是朝鲜人民最大的敌人，虽然你们处死了我，但朝鲜的爱国农民已经团结到一起，他们会同你们斗争到底的。”轰轰烈烈的东学党起义就这样被镇压下去了。

甲午之战

日本明治维新后，开始大力发展资本主义，建立近代化国家。明治天皇具有极强的对外扩张欲望，极力鼓吹军国主义，并将侵略矛头首先指向其近邻朝鲜和中国。1874 年日本侵略中国的台湾，虽未得逞，但却尝到了甜头，特别是中法战争造成的中国“不败而败”的结局，更加刺激了日本侵略中国的野心，于是伺机对中国发动大规模战争。

1894 年，朝鲜南部农民起义军占领全罗南道首府全州，朝鲜政府请求清政府派兵协助镇压。日本以清军入朝为借口，大批调遣日军赴朝，迅速抢占从仁川至汉城一带的战略要地，同时设立战时大本营，作为指挥侵略战争的最高机构。8 月上旬，卫汝贵、马玉崑、左宝贵和丰升阿等四部援朝清军万余人先后抵达平壤。8 月中旬，日本大本营除已派第 5 师余部赴朝外，又

中日甲午海战图

增遣第3师参战，两师合编为第1集团军。同时，日方决定组建第2集团军，待机攻占中国的辽东半岛。9月15日，日军分三路进攻平壤，清军分路抗拒，左宝贵中炮牺牲，玄武门失守。叶志超指挥无方，见北门不守，即下令撤军，弃平壤逃走，渡过鸭绿江退入国境，日军轻易地占领了全部朝鲜。

日军在平壤得手后，寻机在海上消灭清政府的北洋舰队。9月17日，北洋舰队在完成护航任务后正准备由大东沟口外返航，遭到了日军联合舰队的拦截，随即爆发了著名的黄海海战。战斗历时5个多小时，北洋舰队沉毁5舰、伤4舰，日本联合舰队伤5舰。北洋海军虽然受到重创，但实力还是相当强大，但李鸿章却令北洋舰队躲在威海港中，不许出战，使日本联合舰队控制了黄海制海权，造成以后中国海军被动挨打的局面。

平壤之战和黄海海战后，由于对日军主攻方向判断失误，清廷集重兵于鸭绿江一线和奉天、辽阳之间。同时，为保卫北京，又在各省抽调兵力，驻守山海关至秦皇岛之间，以及天津、大沽、通州等地。这种部署使地处渤海门户正面的辽东半岛兵力不足，防御极其空虚。

李鸿章与伊藤博文签订《马关条约》图

日军第1集团军在九连城上游的安平河口突破成功，继而攻克虎山。其他各部清军闻虎山失陷，不战而逃。日军未遇抵抗即占领九连城和安东（今丹东），清军鸭绿江防线崩溃。与此同时，日军第2集团军开始在旅顺的花园口登陆，意在夺取旅顺口和大连湾。

11月6日，日军攻占金州（今属大连）。7日，日军分三路向大连湾进攻，大连湾守军不战而逃，日军占领大连湾。18日，日军前锋进犯旅顺口附近的土城子，除徐邦道率部奋勇抗击外，旅顺各守将毫无斗志，对徐邦道不加援助。22日，日军攻陷旅顺口，血洗全城。

日军攻占旅顺后，以陆军第2集团军为基础组建山东作战军，又令联合舰队协同山东作战军作战，并以陆军第1集团军在辽东战场进行佯攻，继续吸引清军主力。清廷对日军主攻方向又一次判断失误，以重兵驻守 奉天、辽阳及天津至山海关一线，北洋舰队则根据李鸿章“水陆相依”的防御方针，躲藏在威海卫港内。

1895年1月20日，日山东作战军在荣成龙须岛登陆，占领荣成。30日，南帮炮台在日军的合围下陷落，遂即北帮炮台也为日军占领。此后，日军水陆配合，攻击刘公岛和港内北洋舰队。北洋舰队提督丁汝昌、总兵刘步蟾等先后自杀殉国。17日，威海卫海军基地陷落，北洋舰队覆灭。

2月28日，日军从海城分路出击，3月4日进攻牛庄（今海城西北），牛庄为清军后方根本，守军却极少，守军奋勇苦战，死伤被俘3000多人，牛庄失陷。7日，日军攻克营口。9日，清军在田庄台大败。至此，日军占领了辽东、辽南地区。

早在日军占领辽东半岛后，清廷便开始通过外交途径向日本请和，威海卫失陷后，清廷求和之心更切。在美国安排下，李鸿章以头等全权大臣的身份，在美国顾问科士达陪同下赴日议和。4月17日，李鸿章在中日《马关条约》上签字，甲午战争结束。

八国联军侵略中国

19世纪末，帝国主义列强不仅在政治、经济、文化上加紧侵华，而且不断瓜分中国领土。在民族危机日益加深的情况下，中国北方山东、直隶（今河北省）一带农村爆发了群众性反帝爱国的义和团运动。1900年夏，京、津地区义和团的声势越来越大，引起了西方列强的恐惧。4月23日，英、法、德、美等国公使以外交团名义照会清政府，要求严禁团民纠党练拳，惩处办团不力人员，甚至限令清政府短期内将义和团“剿除净灭”。

5月底，各国驻华使团通知清政府总理衙门，言称要调兵入京“保护使馆”，清政府被迫同意。随后，英、俄、法、日、美、意、德、奥八国联军400余人分批进入北京。帝国主义的侵略行径，使得以慈禧太后为首的后党集团对义和团的态度发生转变，企图“用拳灭洋”，以维护其统治地位，以端王载漪为首的排外势力在清政府内占据上风。各国公使眼看清政府已无法控制形势，总理衙门也“无力说服朝廷采取严厉的镇压措施”，便策划直接出兵干涉。

6月11日晚，八国联军乘火车抵达东大桥。2000名手持刀

《辛丑条约》签字现场

矛棍棒的义和团拳民，从铁路两侧的树丛中呐喊着杀向侵略军。义和拳民冒着枪林弹雨，勇往直前，与侵略者展开肉搏战，八国联军慌忙窜回列车。12日，八国联军头子西摩尔率军强占高点万喜煤栈，构筑“美少年炮台”。义和团拳民在倪赞清等将领的率领下扑向侵略者。义和团拳民前仆后继，终于逼近八国联军，冲到炮台之下点燃煤栈木料杂物，侵略军又纷纷窜回列车。义和团拳民又用火枪、火铳等武器向敌人射击，侵略者组织密集的火力反扑。义和团拳民虽然死伤惨重，但是却把洋人军队围在车站达两天之久。

13日晨，蜗行到距廊坊车站8千米的东辛庄村的联军被迫停车，原来前方铁轨已被扒毁，洋军只得下车抢修铁路。这时，在东辛庄潜伏的大队义和团拳民和百姓突然杀出，联军猝不及防，狼狈逃走。6月18日，清将董福祥率武卫后军2000余人，奉清廷命令进驻京津铁路沿线，和义和团一起阻击八国联军向北京推进。在廊坊车站，清军骑兵从侧翼包抄攻击侵略军，步兵和义和团民从正面冲杀。西摩尔获悉廊坊战事吃紧的消息后，急派英军、奥军、意军折返廊坊。8月4日，八国联军约1.8万人自天津沿运河两岸向北京进发，5日凌晨抵北仓。驻守在这里的清军进行顽强抵抗，清军和义和团共打死打伤敌人数百名。无奈弹药用尽，只好撤退，北仓失陷，联军继续进犯。6日，清军在杨村被联军击败，清军宋庆率残部逃至通州，直隶总督裕禄自杀。

慈禧把最后的赌注压在了李秉衡身上。8月8日，李秉衡率“勤王师”共1.5万人抵河西御敌，终因武器落后，又无补给而被打败。突围出来的李秉衡含恨自杀，北京已无险可守。13日，联军攻占通州。俄军不待休整，便于晚间向东便门发起进攻，翌日凌晨2时占领东便门。俄军又攻建国门，遭到董福祥军猛烈抵抗，伤亡甚众。14日下午，俄军攻入内城。

日军也不甘落后，于14日晨攻打朝阳门，直到黄昏才夺取朝阳门。英军乘虚攻破广渠门，抄小道进入东交民巷使馆区。法、美军队也于14日晚窜入城区。清军与义和团拳民坚守不退，与侵略军展开了两天的巷战，毙敌400余人，而清军和义和团也战死600多人。

8月15日，八国联军进攻皇城东华门，慈禧太后携光绪帝仓皇逃往山西。联军入城后，解除了义和团对东交民巷和西什库教堂的围攻，义和团被迫退出北京，转往外地坚持抗击侵略者。慈禧太后在流亡途中，命李鸿章为与列强议和全权代表，发布彻底铲除义和团的命令，轰轰烈烈的义和团运动被中外反动势力联合扼杀了。

八国联军占领北京后，派兵四处攻城略地，扩大侵略。9月，俄军在侵占秦皇岛、山海关的同时，集中强大兵力，分5路对东北地区实行军事占领。10月中旬，德军统帅瓦德西率兵3万来华，攻占保定、张家口等地。1901年9月7日，庆亲王和李鸿章代表清政府同英、法、德、俄、美、日、意、奥及荷、比、西等11国在北京签订了丧权辱国的《辛丑条约》。从此，中国半殖民地化程度进一步加深，民族危机更加严重。

巴拿马运河

中美洲呈狭长状态，像一条短短的扁担，挑着南北美洲。在这条扁担的最窄处，便是今天的巴拿马共和国。巴拿马之所以被全世界所瞩目，主要是因为巴拿马运河的存在。

巴拿马运河像一座水桥，横跨在太平洋与大西洋之间，缩短了两大洋之间的航程，例如从日本横滨到美国纽约，比以前的航程缩短了5000多千米，从夏威夷到纽约，航程将近减少了1个月。

19世纪，拉美是美国经济的命脉所在，以电力运输为例，大量的原料资源来自于拉美各国。

16世纪前，印第安人就已经在巴拿马地峡地区居住了。哥伦布发现新大陆后，西班牙人巴斯蒂斯根据哥伦布制定的路线第一次到达巴拿马地峡。1513年9月，西

巴拿马运河

班牙探险家巴尔博亚在巴拿马地峡做了一次考察，在地峡一侧的一座山的顶峰上，巴尔博亚发现了地峡的另一侧是一望无际的蔚蓝色海洋，这个蔚蓝色的大洋就是现在的太平洋，因此，巴尔博亚也被称为太平洋的发现者。

在巴斯蒂斯之后，巴拿马的黄金被大量开采，出于对黄金的追捧，欧洲国家的许多冒险家接踵而来。

西班牙国王卡洛斯一世发现，如果巴拿马地峡通航，人们从大西洋沿岸到太平洋沿岸就不用再绕过南美洲的南端了，于是，他驱使当地的巴拿马人修筑了一条连接两大洋的石板大道，以运载西班牙人从太平洋掠夺来的财富。为了使船只能在巴拿马地峡通航，卡洛斯一世决定再开凿一条运河，当时甚至还制定了具体的方案，但这种方案最终因有限的技术条件和施工能力没有实施。

1814 年，西班牙殖民当局又提出了利用查格雷斯河沟通两大洋交通的考虑，但并没有付诸实施。此后，英国人、法国人和美国人都曾绘制过开凿地峡运河的蓝图，也都未曾实施。之后的几十年，美、英、法等国为取得在巴拿马建造一条人工运河的权益展开了激烈的竞争。

1878 年，法国“全球巴拿马洋际运河公司”从当时统辖巴拿马的大哥伦比亚联邦那里取得了运河的承租权，并于两年后成立了法国运河公司。1881 年 3 月，巴拿马运河正式开凿。

曾经负责修建苏伊士运河的菲迪南德·勒赛普是巴拿马运河开凿工程的主持人。由于巴拿马地峡自然条件与苏伊士地峡不同，勒赛普部署的《巴拿马运河工程计划》并没有能因地制宜，使运河的开凿工程遇到了意想不到的困难。结果，花了 8 年时间，巴拿马运河只挖掘了计划的 1/4。1889 年，开凿运河的工程因为法国运河公司的破产而停止。

此后，法国又组织了新的运河公司，但工程仍被迫中途停止。为开凿巴拿马运河，法国花了将近 20 年时间，投资 3 亿多美元，却只完成了工程的 1/3。

与此同时，美国西海岸的加利福尼亚发现金矿，大批美国人从东部被吸引到西部，掀起了开采黄金的热潮。但是，由于西部洛基山脉的险恶地理条件和纵横的河流的阻挡，美国人如果从东海岸前往西海岸必须要绕经巴拿马地峡，因此，美国对开凿两大洋航路的要求日益迫切。当法国运河公司破产后，美国喜出望外。1902 年，美国以 4000 万美元购买了法国运河公司的全部资产。

紧接着，美国又趁大哥伦比亚发生内战之机，策动巴拿马脱离哥伦比亚独立，并与刚刚成立的巴拿马政府签订了《巴拿马运河条约》，条约规定，美国有永久占领、使用、控制巴拿马运河区的权利，而美国为此仅仅付给巴拿马1000万美元。巴拿马人民为这一条约与美国斗争了几十年，直到1977年再次签订新的条约。

1904年，美国正式动工开凿运河。美国方面吸取法国公司失败的教训，改为修建水闸式运河。1914年，工程基本完成，次年通航，1920年正式开放。

巴拿马运河又被称为“死亡的河岸”，据统计，整个工程期间共死去10万多人，这些人中除了从当地或西印度群岛雇用的工人外，还有从非洲购买的黑人，从南欧和东南亚、中国雇来的数万劳工。

巴拿马运河西起里斯托巴尔，东至巴尔博亚，全长81.3千米，最窄处152米，最宽处304米，从通航以来就成为世界上重要的海上通道。对美国来说，这条运河更为重要，为其军事扩张和经济掠夺带来了巨大利益，所以美国人又称巴拿马运河为“地峡生命线”。

1977年9月7日，在经过巴拿马人民数次的反美斗争后，美国被迫同巴拿马签订了一个新条约，新条约规定：巴拿马可在1999年收回运河及运河区主权。

美西战争

19世纪末，美国完成对西部的开发，进入了帝国主义时期。垄断财团对原材料的需求和寻找新的市场投资场所等，迫切要求美国向海外扩张。为建立向拉丁美洲和远东及亚洲扩张的基地，美国将矛头指向西班牙。当时的西班牙是一个已衰落的殖民帝国，在国际中处于孤立的境地。古巴、波多黎各和亚洲的菲律宾均为西班牙殖民地。美国选择西班牙，欲夺取其殖民地，用来满足其对拉丁美洲和亚洲进一步扩张的战略部署。1895年2月，古巴发生反对西班牙统治的武装起义，美国借机意欲干涉，遭到西班牙的拒绝，双方矛盾激化。

在美西战争中，美国以其强大的海军力量在马尼拉湾重创西班牙舰队，登上了争霸世界的舞台。

美国当局加紧做好战前准备，一方面广泛地进行外交活动，一方面加强军事装备，扩建军队。为加强海军力量，美国建造了许多大型巡洋舰和战列舰。1898年2月，西班牙驻美公使攻击美国总统的信件被公开，激起了美国内部反西班牙的情绪。2月15日，以友好访问为名的美舰“缅因”号突然在古巴哈瓦那港爆炸沉没，造成美官兵260余人死亡，美国怀疑西班牙是事件的制造者。美国当局下令封锁古巴港口，并在周围海域布设水雷。4月24日，被逼无奈的西班牙只好对美宣战。次日，美国对西班牙宣战，美西战争全面爆发。

美军的作战目标极为明确：依靠强大的海军力量，先突袭菲律宾的马尼拉海湾，再打击古巴的西军，从而占领拉丁美洲及亚洲的西属殖民地。

5月1日凌晨，美海军上将乔治·杜威率领舰队，凭借良好的航海技术，在黎明前黑暗的掩护下，率领舰队突然驶进马尼拉湾。西班牙要塞哨兵发现后开炮轰击，但均未命中。美军随即进行还击，停泊在港湾的西班牙舰队在慌乱中组织反击，但有的舰船还未起锚就被击沉。要塞上的炮火虽然猛烈，命中率却低得可怜。杜威命令美舰队火力集中向西班牙的旗舰猛攻，7时许，旗舰被击沉。失去指挥的西班牙舰队更是乱作一团，只有被动挨打。中午，西班牙舰队遭到全歼，马尼拉湾被美军封锁，西班牙在太平洋的制海权落入美军手中。

马尼拉突袭成功，极大地鼓舞了美军。6月，美国打着“帮助古巴独立”的旗号，计划从圣地亚哥港登陆。此时的古巴，反西民族革命全面爆发。

为迫使西军接受海战，美军决定海军陆战队从港口东面不远的关塔那摩湾强行登陆，从陆上对圣地亚哥港形成包围之势。6月10日，600名海军陆战队队员出发。虽然关塔那摩湾防守相对较弱，但仍遭到西军的顽强阻击，美军伤亡重大。但防线最终被突破，美军成功登陆。7月1日，美陆战队先后攻占了圣地亚哥港东北部和东部的据点埃尔卡纳和圣胡安，形成了对圣地亚哥港的包围之势。7月17日，圣地亚哥守兵投降。8月12日，美军趁势攻占了波多黎各岛。8月13日，在菲律宾人民起义军的配合下，美陆军攻占了马尼拉市，西班牙在殖民地的力量被美军彻底歼灭。

1898年12月10日，双方签订《巴黎和约》，美国如愿得到了古巴、波多黎各和菲律宾，西班牙仅得到美国给付的作为割让菲律宾补偿的2000万美元。

这场战争使美国走向对外扩张，标志着美国进入帝国主义时代；开始了帝国主义重新瓜分世界领土的新时期；而西班牙在拉美及太平洋殖民地的丧失，使其从帝国主义争霸的政治舞台中退却。

日俄战争

1895年中日甲午战争后，日本侵占了中国的辽东半岛、台湾和澎湖列岛，这与旨在控制中国东北的俄国产生了矛盾。俄国联合德、法出面干涉，迫使日本退出辽东半岛。日本加紧军备，制订十年扩军计划，决心以武力同沙皇再度争战。俄国在中国东北的势力也迅速扩大，到1898年，整个东北三省沦为俄国的势力范围。1900年，中国爆发义和团运动，俄国借口“保护”侨民和中东铁路，一举占领东北三省。这引起日本和英国的强烈不满，在英国的支持下，日本开始了对俄的复仇。

1903年8月，日俄双方就重新瓜分中国东北和朝鲜问题进行谈判。已完成扩军备战的日本态度强硬，致使谈判破裂。1904年2月6日，日本断绝与俄国的外交关系。8月，日本不宣而战，海军舰队用鱼雷偷袭在旅顺的俄国舰队。几艘舰船被击沉后，俄舰队被迫退到港内，日军遂将旅顺港口封锁。

日俄战争中的俄国海军军舰

俄陆军司令克鲁泡特金建议主力撤出辽东半岛，在哈尔滨集结，等候俄从莫斯科来的援兵，再进行反攻，击退

反映日俄海战的版画

日本军队，解救孤军死守的旅顺俄军。但由于俄军指挥层意见有分歧，于是将主力军集结点改为辽阳，然后向旅顺推进。

对于日本来说，朝鲜半岛是一条比较安全的补给线，是日本进退自如的便利基地。来自俄军的海上威胁就是驻旅顺港的俄舰队，他们足可以切断日本的海上交通，制海权对日本是极为重要的。针对这些情况，日本一面引诱俄舰队接受会战，另一方面日陆军在舰队的保护下，从仁川登陆，控制朝鲜半岛，建立稳固基地后，用3个军团的兵力从朝鲜湾的北岸登陆，向辽阳进军，以阻止俄南下支援旅顺。第4军团则围攻旅顺港，攻克后北上与前3个军团会合，在俄陆军增援未到前击败俄军。

5月初，日本在朝鲜站稳脚跟，便从朝鲜湾登陆中国东北。25日，日本军攻入金州，次日，攻下南山高地，占领了大连。旅顺港完全处于日军的包围中。

旅顺港有三道防御工事，依托地势，人工构建了堡垒和碉堡，并有高压铁丝网包围，防御强度极高。日本连续发动两次总攻，均被顽强的俄军抑制住，日军损失惨重，虽也攻占了周边一些关键性的阵地，但俄军全部防御体系的总枢纽203高地仍控制在俄军手中。11月26日，日军向203高地发起第三次总攻。火力轰炸连续数天，日军付出1.1万人的代价，终于在12月5日登上203

高地，旅顺港内的船只从这里尽收眼底。7 日，俄舰船被全部击毁。1905 年 1 月 4 日，日军占领旅顺，俄军投降。日军按计划北上与其他军团会合，投入对俄主力的进攻。

3 月 10 日，日军攻克奉天，俄军向哈尔滨撤退。

5 月 9 日，俄军波罗的海舰队缓缓进入中国海域赶来支援，27 日在对马海峡被日舰队全歼。对马之战的失败，使俄国国内的人民忍无可忍，大多数城市爆发革命，沙皇专制制度接近崩溃边缘。9 月，俄日双方都已力竭，在美国的说合下，双方签订和约。

日俄战争使沙皇专制走向坟墓，加速了俄国革命的到来；日本从此跻身于世界强国之列。

弗洛伊德与《梦的解析》

弗洛伊德是精神分析学的创始人。他于 1856 年出生在奥地利的摩拉维亚，父亲是一个犹太籍羊毛商。弗洛伊德 3 岁时，他们举家迁往首都维也纳，在那里他接受了小学和中学教育。他学习刻苦，毕业时不仅德文、希伯来文名列前茅，拉丁文、希腊文、法文、英文和意大利文也成绩突出。1873 年，弗洛伊德进入维也纳大学医学院，从 1876 年起，在著名的生理学家艾内斯特·布吕

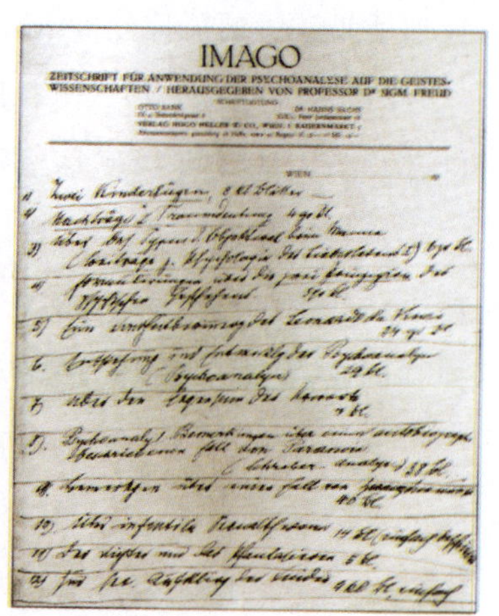

IMAGO
ZEITSCHRIFT FÜR ANWENDUNG DER PSYCHOANALYSE AUF DIE GEISTESWISSENSCHAFTEN / HERAUSGEGEBEN VON PROFESSOR Dr SIGM. FREUD

弗洛伊德笔记手稿

克的指导下从事研究工作，并于1881年获得医学博士学位。毕业后，他到维也纳的一家医院工作，成为一名精神病医生，不久后开始从事精神分析研究。1885年，他前往法国巴黎，师从于著名神经学家沙柯特。沙柯特的催眠疗法和有关“歇斯底里”症状的论述，对弗洛伊德产生了很大影响。1886年，弗洛伊德和贝尔纳斯结婚，两人的婚姻十分美满，生育了6个孩子，最小的女儿安娜·弗洛伊德后来也成了一位著名的精神分析学家。

1890年，弗洛伊德与好友布罗伊尔合伙开了一家私人诊所，他们曾用宣泄疗法和催眠疗法给一名21岁的女孩治疗癔病。1893年，他们共同发表论文《癔病的研究》，认为癔病是由于把曾经有的情绪经验排除到意识之外而引起的，通过催眠回忆和情绪发泄就能使病人痊愈。不久后，弗洛伊德发现催眠的疗效不能持久，于是创立了“自由联想法”和“自我分析法”，发展了精神分析技术。1895年，他与布罗伊尔合作发表了《歇斯底里研究》，这被看成是弗洛伊德精神分析学的处女作。

1900年，弗洛伊德发表他最著名的著作《梦的解析》。在对自己及病人的梦进行观察和分析的基础上，弗洛伊德得出3个结论：梦是愿望的满足，尤其是儿童时期愿望的满足；人类普遍存在仇父恋母的情结；人类在儿时便具有性爱意识和动机。这些发现开创了心理和精神病理研究的新领域，奠定了精神分析学的基础。但在当时，弗洛伊德的这本书并没有引起人们的重视，8年时间才卖了600册。1905年，弗洛伊德写了《性学三论》一书，探讨儿童性心理的发展与精神变态机制的联系，这才真正开始为世人所重视。但由于他的学说与人们的传统观念存在很大冲突，因而受到学术界和社会舆论的广泛批评，他本人也成为当时德国科学界最不受欢迎的人。

但弗洛伊德不改初衷，仍然我行我素，1908 年，他组织成立了维也纳精神分析学会，两年后发展为国际精神分析学会。他还培养了荣格、阿德勒等一批精神分析学家，使精神分析运动成为世界性的潮流。1914 年，他在一篇论文中指出，人们普遍存在自恋的心理现象。1923 年，他出版《自我与本我》，对人格结构理论进行了系统地阐述，把人格结构分为本我、自我和超我三部分。1927 年，他写了《幻想的未来》一书，用精神分析法对宗教进行了评述。1930 年，他因为出色的文学才能获得了歌德奖。1931 年，他的故乡为庆祝他的 75 岁寿辰，以他的名字命名了他出生的那条街道。1936 年，他成为英国皇家学会的通讯会员。

1938 年，纳粹德国占领维也纳后，弗洛伊德移居英国。1939 年 9 月 23 日，他因口腔癌复发在伦敦去世，享年 83 岁。弗洛伊德虽然最初只是一位精神病学家和心理学家，但因为他创立了精神分析学，其影响力远远超出专业学术领域，成为 20 世纪具有世界性知名度的人物之一。

摩尔根创立基因理论

有一个大科学家，不但自己想象力丰富，还非常善于挖掘利用同事们的好点子，他的许多意义深远的思想都不是直接由自己提出来的，比如，在开展果蝇研究时，为了更好地把一些适合研究的人联合在一起，他采取了民主和不拘礼仪的工作方式，听任同事们研究一切设想。据他的学生穆勒尔回忆，这位大科学家虽然最善于利用他的同事和学生的思想成果，但却不独占研究成果，就连他的诺贝尔奖也拿出来和他的终身助手和同事分享，这位大科学家还承担了助手的子女受教育的全部费用。这位大科学家就是被誉为经典遗传学的泰斗、创立基因学说的托马斯·亨特·摩尔根。

摩尔根（1866 ~ 1945 年），出身美国的豪门大族，从小养成良好的生活习惯。他热爱大自然，喜爱户外活动，经常四处游历，最终献身于探索自然的科学事业。

1880 年，摩尔根考入肯塔基州立学院预科，后转入学院本部。1886 年获得学士学位，同年进入霍普金斯大学研究生院进修，主攻生物形态学，4 年后获博士学位，此后在该领域颇有建树，成为一名年轻的博物学家。他曾随美国地质勘探队赴野外考察，其间对各种生物的性状发生兴趣，遂逐渐转入实验生物学研究领域。

那时，生物学已发展到一定水平。特别是 1904 年，美国的萨顿证明了染色体成对存在，每个配子只包含一对染色体中的一条，每条染色体携带多个遗传因子。到了 1909 年，丹麦的植物学家翰逊以“基因”一词替代以前的所谓“遗传因子”一词。“基因”的称谓由此而来。

为了进一步探索染色体中基因的存在状态和排列特征，1908 年，摩尔根开始了著名的果蝇实验，专门研究这一课题。

摩尔根将捕获的果蝇在实验中的特定条件下加以培养，如让它们吃各种各样带刺激性的食物，使它们的产卵过程以及幼虫的成长分别在较高温和低温环境中完成，必要时对其进行紫外线照射以促使其发生变异等。经过很长一段时间，摩尔根发现果蝇有4对染色体，但雌雄果蝇所产生的配子的染色体状况有所差异：雌配子产生时从母体细胞的4对染色体中各得一条，所以该种配子所含染色体相同，均呈棒状，而雄配子的染色体中只有3条相同，第4条为钩状。在此基础上，雌雄配子结合发育成的雌性果蝇体细胞中的4对棒状染色体完全成对，雄性果蝇的细胞中则仅有3对棒状染色体成对分布，第4对由1条棒状染色体和另外的1条钩状共同组成。摩尔根将区分性别的染色体称为性染色体，他由此得出结论：生物性别由性染色体决定。

1910年4月，摩尔根的实验又获得突破性进展。一次，他对一群红眼果蝇进行X射线照射，在子一代个体中发现一只白眼雄果蝇。他随即让这只白眼果蝇与未经X线照射的红眼果蝇交配，结果完全符合孟德尔法则：子一代清一色地全是红眼果蝇，子二代的个体则出现分化，1/4为白眼果蝇，且全部是雄性，其余的3/4则为

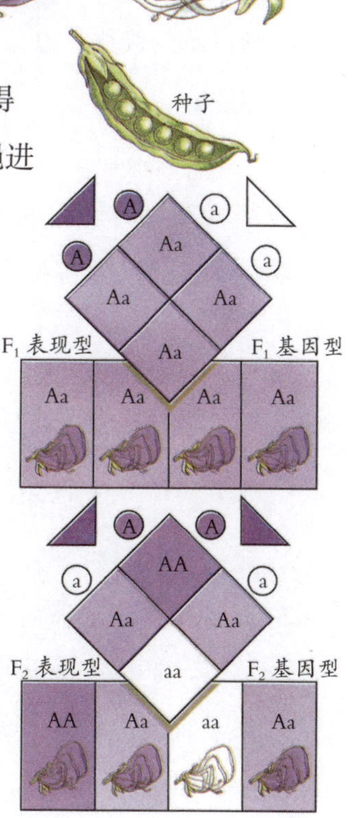

右图显示是如何运用孟德尔遗传定律预测紫色花朵豌豆与白色花朵豌豆的杂交结果的。紫色基因为显性基因，因此杂交后第一代（即F1表现型）产生的花朵均为紫发色。但是当F1代杂交后，杂交第二代（即F2表现型）则既有紫色花朵又有白色花朵，其比例恰为3：1。

红眼果蝇。摩尔根对此分析后认为，眼色由一对基因控制，其中红眼为显性，白眼为隐性。

为了清晰地解释这一过程，摩尔根把雌性染色体称为 X，雄性染色体为 Y。他认为未经 X 线照射的果蝇的 X 染色体携带红眼基因，而 Y 染色体只携带性别基因，没有决定眼色的基因。在 X 线的照射下，其中的一只雄果蝇的 X 染色体生成了隐性白眼基因。子一代中雌蝇的两条染色体分别来自母方的 X（带红眼基因）和来自父方的 X（带白眼基因），最终显性的红眼基因性状得以表现；雄蝇的染色体组成是来自母方的 X（红眼基因）和父方的 Y（仅带性基因），也呈现红眼特征。子二代个体的眼色出现分化，按照孟德尔法则揭示的规律，红、白眼果蝇数量比为 3 ∶ 1，而且白眼果蝇均为雄性。

在实验的基础上，摩尔根整理出版了《基因论》一书，总结自己在基因领域的研究成果，并且归纳了 20 世纪以来 20 多年的遗传学研究成就，标志着孟德尔—摩尔根学派的成熟。

居里夫人和镭

玛丽·居里，1867 年生于波兰的首都华沙，她在中学时代就非常优秀，不仅掌握法、英、俄、德 4 门外语，毕业时还获得金质奖章。1891 年，玛丽进入巴黎大学学习物理，1893 年获得物理学硕士学位，第二年又获得数学硕士学位。1894 年，玛丽在巴黎大学索邦学院与皮埃尔相遇，为科学献身的共同理想使二人走到一起，他们于 1895 年结婚，从此开始新的生活。夫妻二人互助协作，相濡以沫，迎来了他们科学发现的春天。

当时，法国物理学家贝克勒尔发现铀盐矿物能放射出一种奇妙的射线，这种射线尽管看不到，却能穿透普通光线所不能穿透的黑纸片，而使照相底片感光。但铀盐为什么会放出这种射线？经过多次的测试和检查，居里夫人敏感地意识到沥青铀矿中可能含有一种新的不为人知的放射性很强的元素！这时，皮埃尔也加入了居里夫人的研究，终于，在 1897 年 7 月，居里夫妇确认了新元素的存在。

正在夫妇俩为给该元素定名而踌躇之际，居里夫人的祖国波兰被敌国占领而灭亡。这一消息对玛丽·居里震动极大，她为了纪念祖国而将该元素命名为“钋”。从此，元素周期表的大家族又填新丁。

之后，居里夫人又着手测试各种元素，企图找出与铀一样具有辐射效应的元素，她大胆判断一定还有一种物质能够放射光线。她把这种新的物质定名为“镭”，因为在拉丁文中，它的原意就是“放射”。

可是，要提炼镭元素，必须得有足够的沥青铀矿，可这对居里夫

大学讲台上的居里夫人

居里夫人作为巴黎大学索邦学院第一位女教授，于 1906 年 11 月 5 日登上讲台。

妇来说太难了，因为这种矿不但稀少，价格还很昂贵。居里夫人要提炼“镭”的消息传到奥地利，奥地利政府决定支持她，无偿为她提供了一吨已提取过铀的沥青矿残渣。

由于居里夫人只是理论上推测但无法证明新元素镭，所以巴黎大学的董事会拒绝为她提供她所需要的实验室、实验设备和助理员，她只能在校内一个无人使用的四面透风漏雨的破旧大棚子里进行实验。

居里夫人最初做的完全是粗笨的化工厂的活儿，她把成袋的沥青矿渣倒在一口煮饭用的大铁锅里，用粗棍子不停地搅拌，再不断地溶解分离。经过1000多个日夜的辛苦工作，小山一样的矿渣最后只剩下小器皿中的一点液体。她兴奋地盯着这只玻璃器皿：“再过一会儿将结晶成一小块晶体，那一定就是新元素镭！”她忐忑地在心里默念着。

可是结果却让她大失所望，因为器皿中剩下的只是一团污迹！

失望之极的居里夫人一下子感觉到了疲倦。她回到家，悻悻地躺在床上，“为什么不是一小块白色或无色晶体呢？”她翻来覆去地睡不着，一直想着那团污迹。突然，她腾地一下坐起身来：难道污迹就不能是镭吗？

她穿起衣服赶紧跑向实验室，门还没开，居里夫人就从门缝里看到了耀眼的光芒，那光芒正是镭发出的。

镭元素发现后不久，人们就发现镭射线能穿透最密的物质，杀死有病的细胞，是治疗癌症的有效武器。这一奇迹引起了世界各国，特别是企业家的兴趣。但是居里夫妇并没有申请专利权以牟利，而是无偿公布了他们的技术，尽管他们为了提取镭，曾经负债累累。1921年，居里夫人前往纽约，接受美国妇女协会赠予她的一克镭。在举行仪式的前一天晚上，居里夫人坚决要求修改赠送证书中的言辞，要求使这一克镭永远属于科学，而不至于在她死后成为女儿们的私产。最后，美国政府连夜找来律师，按照居里夫人的意见进行了修改。

镭的发现和应用，使居里夫人成了闻名世界的大科学家。她成了法国科学院的第一位女院士，巴黎大学的第一位女教授。她一生中有7个国家24次授予她奖金和奖章，担任了25个国家的100多个荣誉职位。但居里夫人始终保持着谦虚、高尚的品质。爱因斯坦在谈到她时说："在所有的世界著名人物中，玛丽·居里是唯一没有被盛名宠坏的人。"晚年的居里夫人一直孜孜不倦地进行科学研究，但长期暴露于放射性元素之中使她患上了恶性白血病，1934年7月4日，她从实验室回到家后的当天晚上与世长辞，享年67岁。

莱特兄弟造飞机

美国的莱特兄弟梦想着像鸟儿一样飞上天空。从古至今，想飞的人绝不只他们两个，但是他们兄弟二人第一次圆了人类想飞的梦。

莱特兄弟出生在美国俄亥俄州的代顿市。哥哥威尔伯·莱特生于1867年4月16日，弟弟奥维尔·莱特生于1871年8月19日。他们的父亲密尔顿·莱特是一名牧师，收入微薄，但为人正派，心地善良，而且知识丰富。兄弟二人从小受父亲的熏陶，喜欢读书和思考问题，动手能力也很强。

莱特兄弟的第一个飞行器

莱特兄弟能成功的一个秘密是他们发明了一种方法以阻止飞机左右摇晃——这被证明是许多早期的飞机失败的原因。他们的飞行器有金属线能将两翼向左或向右拉，这意味着它能在空中保持平衡。

一次，父亲从欧洲回来，给兄弟俩带回一件直升飞机玩具，可把他们乐坏了。他们除了读书学习和帮助母亲干活外，便一起拿着玩具飞机来到一片开阔地上玩了起来。飞机是用陀螺制作的，以橡皮筋作为动力。一般总是弟弟把飞机稳稳托在手中，哥哥则拧紧橡皮筋，然后猛地一松手，小飞机便“噗噗啦啦”地飞过头顶，向远方滑翔。久而久之，兄弟二人对玩具本身丧失了兴趣，而是把它拆散，两人凑在一处观察它的构造。然后不约而同地到做木匠的爷爷那里找一些边角余料和斧凿等工具，自己动手做起了玩具飞机，一架、两架……一个多月过去了，沙地上整整齐齐摆了一排“直升飞机”。

谁也没想到，从此兄弟二人与飞机结下了缘分。在他们生活的时代，已经出现热气球和飞艇等飞行工具，但都不是很理想。因为气球升空后飞行速度、方向完全取决于风力、风向；而飞艇自身虽然有动力和方向控制装置，但其体积过于庞大（有时它长达数百米，直径也有几十米），控制起来极为不便。于是人们开始研究新的飞行器。

当时在德国已有李林塔尔制造出滑翔机。消息传到美国，莱特兄弟终于按捺不住内心的激动，他们首先通过报刊、杂志和图书资料广泛搜罗有关飞机的情况，同时也学习一些空气动力学方面的知识。一段时间后，他们尝试着造了一架双翼滑翔机。这架飞机能飞到 180 米的高度，还可以在空中改变方向。

莱特兄弟不会满足于先进的滑翔机，他们开始考虑给这架飞机加上发动机。可是经测定，兄弟二人发现它最多能载重 90 公斤，而当时通用的发动机最轻也得 140 公斤。为了克服这一难题，他们找到机械师狄拉，三人一起设计制造了一台重 70 公斤的发动机，该发动机具有 12 马力的功率。莱特兄弟把这台发动机安装在自己的飞机上，并且赶制了两叶推进式螺旋桨，在发动机与螺旋桨之间以链条相连。人类历史上第一架飞机初步完成。

1903 年 12 月 17 日，莱特兄弟的首架飞机“飞行者 I 号”试航。这天早上，他们先把飞机拖到了海滩，进行了全面的检查。然后由奥维尔登上飞机，启动了发动机。在马达的轰鸣声中，飞机向前冲去，飞机的滑行速度越来越快。终于在众人的欢呼中飞离了地面，升到空中约 3 米的高度，12 秒钟以后，“飞行者 I 号”安全着陆，飞行距离超过 30 米。时间太短了，距离太短了，但它标志着一个崭新时代的到来。稍后，兄弟两人又轮番驾驶“飞行者 I 号”试飞了几次。其中滞空时间最长为 59 秒，飞行距离为 260 米。1904 年，莱特兄弟制出了改进的“飞行者Ⅱ号”。它的滞空时间延长到 5 分钟，可连续飞行 5 千米。其后，他们在“飞行者Ⅱ号”的基础上推出“飞行者Ⅲ号”。它可以在空中连续飞行半小时，飞出 40 千米的距离。

莱特兄弟发明的飞机连创佳绩，逐步引起了美国军方的兴趣。军方组织了巨大的人力物力在他们的基础上研制军用飞机。其他国家也纷纷仿效，飞机的发展步入快车道。第一次世界大战前，飞机时速已达 76 千米，飞行距离已增加到 186 千米，具有实用价值。

莱特兄弟一生致力于飞行事业，甚至都未曾结婚，为人类运输工具发展做出了巨大贡献。

爱因斯坦提出相对论

一提起爱因斯坦，人们不自觉地就会想起他的那幅照片：花白的头发，像触了电似的根根向上竖着。相信凡是看过这幅照片的人一定会说：爱因斯坦一定是一个不修边幅的人，因为在人们的印象中，大科学家们多是这样。

现实中的爱因斯坦的确如此，据说爱因斯坦移民美国后不久，一天，他在纽约的街上遇到了一个朋友。那位朋友看到他穿着一件破旧的大衣，不由得提醒道："你似乎有必要添置一件新大衣了，瞧你身上这件多旧啊。"

爱因斯坦笑笑，做出无所谓的表情："这有什么关系？反正在纽约谁也不认识我。"

几年以后，爱因斯坦已经誉满天下了，一天，他在街上又遇到了那位朋友，那位朋友见他还穿着几年前那件破旧的大衣，不禁又建议他去买件新大衣："现在你可是位名人了，应该去买件新衣服了吧。"

爱因斯坦又笑着说："这又何必呢？反正这儿的每一个都已经认识

我了。”

这就是爱因斯坦，20世纪最伟大的科学家，却是一个人如此不注重自己仪表的人。

学术讨论

1933年爱因斯坦提出能量聚集的新理论，并邀请科学界的精英与记者一起参加他的学术论坛。

除了不修边幅，爱因斯坦还是一个风趣幽默的人，这和人们印象中的科学家的古板大相径庭。有一次，一帮青年问爱因斯坦什么叫相对论，爱因斯坦回答说：“当你和一位漂亮的姑娘坐在一起待上2个小时，你以为只有1分钟，可是当你在一个烧热的火炉上坐上1分钟时，你却以为是2小时。这就是相对论。”

在爱因斯坦创建了相对论之后，科学界褒贬不一，1930年，德国出版了一本批判相对论的书《一百位教授出面证明爱因斯坦错了》。爱因斯坦知道后，禁不住哈哈大笑：“100位，没必要这么多人吧？只要能证明我真的错了，哪怕一个人出面就足够了。”

爱因斯坦不但取得的伟大成就值得我们佩服，他的人品也是让人尊重的。这个曾经被视为孤僻、迟钝、表达不清的傻孩子竟然成了千年风云人物。

1879年3月14日，阿尔伯特·爱因斯坦在德国南部乌尔姆城的一个犹太居民家中呱呱坠地。这是一个温馨、和睦的家庭，父亲精通数学，以经营电器为业，母亲温雅贤淑，倾心于艺术。小爱因斯坦的出世为全家带来喜悦和幸福，但很快又给这个幸福之家笼罩了一层忧郁。因为他与同龄的孩子比较起来，智力发育好像有些迟缓。

别家的孩子1岁多时就会说话了，缠着母亲问这问那，而小爱因斯坦只会偎依在母亲怀里呆呆地望着周围的一切，一点学说话的迹象都没有。邻居见此情形，不无担心地对他母亲说："这孩子怎么不说话呀？"母亲内心一阵酸楚，却又自我安慰："他在思考，将来我们的小爱因斯坦一定会成为教授。"一旁的邻居也不好多说什么，倒生出一丝恻隐之情。

爱因斯坦的父母确实是非常优秀的父母，深知旁人对他抱有偏见，自己不能再伤害他。他们发现儿子虽然不苟言笑，却对万事万物表现出强烈的兴趣，于是就买回许多新奇、结构复杂的玩具给他玩，小爱因斯坦更多的时间都用来"研究"这些玩具。

时光匆匆流过，爱因斯坦进入了小学，除了数学之外，其他功课平平甚至不及格，这种状况一直持续到中学。中学时他的兴趣科目多了一门物理，他不喜欢体育，更讨厌军训。由于严重偏科，爱因斯坦中学毕业都没拿到文凭。以至于为了上大学，他又补习一年才进入联邦工业大学师范系，攻读数学和物理。最后，他为自己选定了终生努力的方向——理论物理。4年之后，爱因斯坦大学毕业，尽管专业成绩异常突出，却因为性格缺陷谋不到一份工作。待业期间，爱因斯坦曾做家教、代课，有时帮人清理账目。最困难的时候，他甚至以拉小提琴卖艺为生，此中疾苦，可想而知。

终于在1902年，经朋友的大力推介，爱因斯坦在瑞士专利局找到一份技术员的工作，其职责是审核一份份专利申请。这使他大开眼界，同时他夜以继日地钻研物理学，终于在1905年有所成就。那年，爱因斯坦在德国《物理学年鉴》上发表《论运动物体的电动力学》，从而创立了狭义相对论，开始解释牛顿经典力学所不能解释的现象。

尽管当时极少有人理解爱因斯坦的理论，但他坚信自己理论的正确性，并且将其进一步发展成为广义相对论。1916年，他发表了《广义相对论的基础》一文。这一旷世之作标志着他的研究水平已达20世纪理论物理的顶峰。爱因斯坦曾就相对论解释说："狭义相对论适用于引力之外的物理现象，广义相对论则提供了引力定律以及它与自然界其他力之间的关系。"

几乎是同时，爱因斯坦又做出了涉及光学和天文学的三大预言，这些预言日后一一应验。鉴于他的相对论和预言，人们赋予他极高的荣誉，如"20世纪的牛顿""人类历史上有头等光辉的巨星"等。但爱因斯坦淡泊名利，尽量回避吹捧他的公众集会。

1955年4月18日，爱因斯坦在美国的普林斯顿悄然而逝，并留下一份颇为特殊的遗嘱：不发布告，不举行葬礼，不建坟墓，不立纪念碑。作为20世纪最伟大的科学家如此谦逊，闻者无不肃然起敬。

"汽车大王"福特

亨利·福特曾经是一个修车工人，那时候的薪水很少，他很想去一家高级餐厅吃饭，但却一直没有如愿。

一次，福特手拿着刚发的薪水来到这家餐厅，他坐在餐厅里等服务员过来招呼他，但他足足坐了15分钟还不见一个人来。最后，

1927 年，工厂车库里即将进入市场的福特车。

一个服务员勉强走到桌边，粗鲁地丢给他一张菜单。

福特刚打开菜单，服务员就用轻蔑的语气指着右边的那部分说：“你只适合看这部分（价格），左边的部分你就不必看了！”

福特惊愕地抬起头来，看到服务员满脸不屑的表情，他虽然很生气，但转念一想，也不能全怪这个服务员，自己本来就是没有钱的人，怎么能吃得起那么昂贵的大餐呢？最后，福特只点了一个汉堡。

从那以后，福特立志一定要成为社会中顶尖的人物。

1863 年，福特出生在美国密歇根州的一个农场主家庭。父亲希望他将来当一个老实本分的农民，以便继承家业，所以没让他读多少书。小学毕业后，福特开始帮父亲干农活。但他对从事农业颇有怨言，对摆弄机械却充满了浓厚的兴趣，立志要当一个出色的机械工程师。

17 岁那年，为了实现自己的理想，福特与家人不辞而别，独自一人来到底特律市闯荡。他在底特律的工厂找到了工作，工作之余，他悉心研究机器，很快就成了娴熟的技术工人。后来，福特在杂志上读到了有关汽车发明的报道，这引起了他很大的兴趣。几番努力后，他造出了一部汽油引擎，只是造得太简陋，一经试用就失败了。但他并没有灰心，经过仔细研究，他发现失败的主要原因是汽油点火的方法不对，他决定使用电气点火。为了学习电气知识，他进入了底特律的爱迪生电气公司。1893 年，福特成功地试制成了一辆汽车。1896 年，他又制造了 3 辆性能更先进的汽车，他因此而在当地被公认是这一领域的杰出人物。

1899 年，福特与几个资本家合伙开办了底特律汽车公司，他担任公司的经理兼首席技师。但由于和股东们意见合，福特不久后退出这个公司。1903 年 6 月 6 日，福特汽车公司成立。公司创立初期，只是一家小规模的机器厂，除制造汽车外还进行赛车的改进和汽车的维修。但福特的目标非常远大："我要生产大量的汽车，为的是满足每个家庭，人人都有能驾驶和修理……价格呢？要低得凡是中等收入的人都能买一辆……"不久后，福特对汽车进行改进，研制出一种被命名为 A 型车的新产品，获得了很好的销路。随后他又推出了 N 型、K 型和 S 型等车型。1908 年，福特成功地设计出世界上第一辆家庭型汽车——T 型车，使汽车普及到普通百姓家庭成为可能，汽车工业革命由此开始。1913 年，福特开发出世界上第一条总装流水线，93 分钟就可组装一辆汽车，这一创举使福特公司每天能生产出 9000 多辆 T 型车，创下了历史纪录。

福特的成功不仅在于他对汽车制造技术的不断改进，还在于他独特的企业经营策略，如 5 美元工作日方案、提高工人福利、大力提拔有贡献的技术工人、给予工人发言权、出奇制胜的营销措施等。这些措施极大激发了员工的生产能力，反过来又降低了公司的生产成本。例如，实行 5 美元工作制后的 1914 年，福特公司以不足1.3万人生产了73万辆汽车，获利3000万美元。他自己也被尊为“给世界装上轮子的人”。

1947年4月，福特在迪尔伯恩的家中去世，享年83岁。半个世纪后，《财富》杂志将他评为“21世纪商业巨人”，以表彰他对汽车工业发展所做出的杰出贡献。

合成药物

人类利用自然界存在的物质作为药物已经有几千年的历史了。其中有一些，如鸦片，用做止痛药。但是这些药物并不十分可靠，而且经常会有一些无法预料的副作用。

第一种完全合成的药物是气体。1799年，英国的化学家汉弗莱·戴维发现一氧化二氮（也就是我们熟知的笑气）具有止痛的功能。1815年，科学家发现乙醚也有止痛的效用。这两种药物在当时受到了大众的欢迎。但是，令人不解的是，直到30年后医生才将它们用在外科手术的麻醉镇痛上。1847年，苏格兰产科医生詹姆斯·辛普森发现了另一种麻醉效果更强的试剂——氯仿蒸气，并把它用做妇女生产时的麻醉止痛剂。这些麻醉气体都是有副作用的，它们可以使病人进入无意识状态，或者至少是无知觉状态，当大剂量使用的时候，它们还有致毒作用。

人们利用一些植物来止痛和退烧已经有很长的历史了：古埃及人用桃金娘；古希腊人和中世纪的欧洲人用柳枝和绣线菊；美洲土著人用白桦树枝。现在已经证明这些天然植物里含有同一种活性成分——水杨甙。

水杨酸分子

在过去，人们利用从柳树皮中提取出的水杨酸来镇痛解热。现代药物阿司匹林由水杨酸乙酰化衍生物组成。乙酰水杨酸钠可起到中度镇痛的作用，并可用来治疗风湿病。

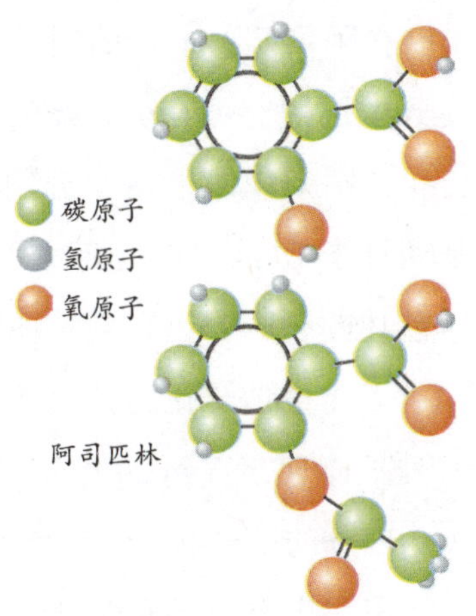

英国牧师爱德华·斯通（逝世于1768年）重新发现了柳树的药用功效。1763年，他称其利用柳树皮成功地帮助50名病人退烧。德国药剂师约翰尼·布赫勒于1828年首次从柳树中成功地分离出了水杨甙。10年后，意大利化学家雷非勒·皮立亚提取出了活性成分水杨酸，这是一种无色的晶体。1853年，法国化学家查尔斯·盖哈特改变水杨酸结构，制得了乙酰水杨酸。但是关键性突破是德国化学家荷尔曼·科尔比鉴别出了水杨酸的分子结构，并提出了以煤焦油为初始原料进行大规模的化学合成而并非从植物直接提取的方法。利用科尔比反应，水杨酸得以大批量生产。

水杨酸的镇痛效果非常明显，但是它也会造成严重的肠胃不适，所以科学家考虑对其分子结构进行进一步调整，使其副作用降到最小。最后，德国化学家霍夫曼在拜耳公司完成了水杨酸分子结构的调整。霍夫曼利用查尔斯·盖哈特早期提出的水杨酸分子结构合成了乙酰水杨酸，并在1899年拜耳公司以阿司匹林的商品名将其推向市场。起初，阿司匹林只有经过医生开的处方才能拿到，但到了1915年，阿司匹林已经成了非处方药，病人直接到药店里就可以买到。

在阿司匹林上市的同时，另外两种具有光明前景的镇痛药物也开发成功，具有镇痛解热功效的退热冰（乙酰苯胺）和非那西汀（乙酰对氨苯乙醚）分别在1886年和1887年被研制出来。非那西汀于1888年作为药物开始使用。对乙酰氨基酚在许多方面优于前述的化合物，它是一种非那西汀的衍生物，并且分子主体结构可以迅速地转化为其他的分子结构形式。但是，它的优点并没有马上体现，直到20世纪50年代对乙酰氨基酚才作为一种替代阿司匹林的镇痛解热的药物面世。

第三个重要的化学合成药物——胂凡纳明（606）在20世纪初就开始研发，以撒尔佛散商品名投入市场销售。这种砷基药物主要是治疗性病传染病—梅毒。德国化学家保罗·埃尔利希发现某些含砷化合物具有抗梅毒的功效，于是在1906年开始着手研究并对大量的含砷化合物进行反复地实验测试。最终发现第606个含砷化合物对引起梅毒的病原菌（一种名为苍白密螺旋体的细菌）具有高效的杀灭功能。1914年，化学家对606结构作了部分调整，并以胂凡纳明商品名上市。在这种药出现之前，梅毒已经给人们带来了多年的痛苦。

20世纪医疗事业突飞猛进的发展，使制药科学进入了一个崭新的历史阶段。合成新的药物分子并对其分子结构进行调整组合以提高药效或改变药力是现代制药发展的基础。